インテリアグリーン

植物と暮らす心地よい空間づくり

安元祥恵

INDOOR GREEN STYLE BOOK

はじめに

朝起きて窓を開けて深呼吸、朝日を浴びた室内のグリーンを眺め、そして水をやる。グリーンは芽吹いたり、花を咲かせたり、日々些細な変化を見せてくれます。そのひとときの喜びは、暮らしのささやかな潤いと彩りとなるでしょう。

家族やペットたちとくつろぐ空間、長時間を過ごすスペースを快適にするインテリア作りは永遠のテーマです。好みのインテリアにインドアグリーンを取り入れた暮らしを実践している方は、どのように植物と寄り添っているのでしょうか。

本書では、グリーンを素敵に飾り、植物との心地よい生活を見事に実践している7人の方々を訪ね、事例として紹介しています。グリーンの配置や選び方、日々のお世話などをぜひ参考にしてみてください。また、手入れが最小限で生き生きと健康的に育つインドアグリーンもたっぷりとご紹介しています。

グリーンとの生活に憧れはあるけれど、上手に育てられずに失敗した経験をもつ方もいることでしょう。販売店から移動してきた植物は、環境が変わることでストレスを感じ、その疲れから置き場所に慣れるまでには半年から数年かかります。まずは性格を知り、新芽を出す場所、植物が生き生きとご機嫌でいられる場所を探すことが第一歩です。ポイントは「まめに観察すること」。植物は急に調子が悪くなることはなく、徐々に変化します。その時に少しでも早く気付き、水やりの方法や置き場所を変えることで、驚くほど調子がよくなります。

日本には四季があるため、熱帯系のインドアグリーンも季節によって生育に変化があります。置き場所と自生環境の合うグリーンを選び、日々観察して長いサイクルで特徴を把握してみましょう。グリーンは私たちが考えるよりもゆっくりとしたペースで自分の居場所を確認し、育っていきます。それを見守りながら、空間を思い思いに飾って、インテリアグリーンライフを楽しんでみましょう。

安元祥恵

CONTENTS

1

インテリアグリーンのある暮らし

2

鉢と小物とグリーンのコーディネート

3

インテリアグリーンの育て方

4

インテリアグリーンカタログ

●植物の表記について

＊植物名—一般に流通している名前を記載しています。学名とは異なる場合があります。

＊学名—ラテン語で属名、または属名＋種小名で表記しています。カッコ（‘’）で表記されているものは栽培品種名です。

＊科名・属名—最新の分類体系（APG Ⅳ）に準じています。一般流通名が旧属名の場合もあります。

Chapter 1

インテリアグリーンのある暮らし

植物との生活を楽しんでいる人は、お気に入りのグリーンを部屋のどの場所に置いて、どんな鉢に合わせているのでしょうか。この章では、私がグリーンコーディネートを手掛け、継続的にメンテナンスに伺っているお宅をご紹介します。素敵に飾り、長く元気に楽しく育てるポイントや工夫も参考にしてみてください。

Living with INTERIOR GREEN

CASE 1

広い窓から日が入る明るい空間に
大小のグリーンをバランスよく配置

東京のビジネスタウンにある2LDKのマンションに、ご夫婦2人暮らし。こだわりのあるアートとインテリアグリーンの組み合わせが見事です。（東京都千代田区在住）

オフィスが立ち並ぶ都心に位置する高層階のマンション。周囲はビルに囲まれていますが、こちらのお部屋は室内からベランダに至るまで、たくさんのグリーンで満たされています。

特に印象的なのは、2面が全面ガラス張りになった開放的なLDK。のびのびと葉を横に広げるシンボルツリーのアルテシマに、ボリューム感のあるエバーフレッシュ（11ページ）。他にも葉の形が個性豊かな小鉢をランダムに配置。窓際の低めの台がグリーンやお気に入りの雑貨のディスプレイスペースとなっています。そしてベランダにも鉢植えが点在し、まるで屋外にいるかのような清々しい気分になります。カウンタータイプのキッチンからもリビングやダイニングのグリーンが見渡せ、なんとも居心地がよいのです。

9年前に今の家に住み始めたタイミングで、グリーンを一からコーディ

広い窓があるLDK。植物に囲まれて生活をしたいというイメージ通りになったそう。中央のアルテシマがシンボルツリーとなり、ダイニングとリビングを緩やかに区切る。

LIVING DINING

ネート。その時の植物が、今も元気に育っています。窓が大きく、日照と通風が確保できるので選択肢は広く、日照を好む植物は南側の窓前に、明るい日陰を好む植物は、軒が広く日差しを遮光できる西側の窓台に。日陰向きの植物は、キッチンやベッドルームに配置しています。鉢の色は、リビングのインテリアに合わせて白系を基調とし、ビビッドカラーの小物をアクセントにしています。

　日常のお手入れは、適度な水やりに加えて霧吹きで葉水を。冬の空気の乾燥を避けるため、調子を崩しぎみな植物の周りに加湿器を設置し、こまやかに様子を観察しているので、害虫はほとんどつかないそう。また、窓面に向ける葉の向きを半年に1回程度回転させて、木の成長バランスを保つ工夫もしています。

BED ROOM

ベッドルームには落ち着いた風格のある古木のシェフレラ。通気口を開けて風通しをよく、加湿器を定期的につける。年を重ねている木は成長も緩やか。

旧居から育ててきたザミオクルカス。成長が早く、大きくなったので、置き場所はキッチンから寝室に移動。鉢は今のサイズを最大に、数年に1回、株分けして植え替える。

モダンなインテリアに馴染む愛嬌のあるフレボディウムを陶芸家の千田玲子さんの鉢に。根が詰まると根をほぐして株分けし、元の鉢に植え替える。特徴であるマットなブルーグリーンの葉色は、日が強すぎても弱すぎても出ない。

枝が広がるエバーフレッシュには、小鳥のオブジェを下げて。クリスマスやハロウィンの時には木の枝に飾りつけをして季節感を楽しむ。

LIVING

最初は葉が落ちたりして安定しなかったエバーフレッシュも、最近は根が育ち、調子よく葉を広げている。西側の窓は広い軒が西日を遮り、強光で葉が傷みやすい植物も安心して置ける。窓を少し開けて空気を循環。

古木のコルディリネ・ストリクタ。育てるうちにひこばえが多く出てきたため、幹の葉に栄養がいくよう生育期に間引く。左の写真が剪定後。風通しもよくなり、見た目もすっきり。

長野県育ちで料理が好きな奥様は、ベランダでミントやパクチーなどのハーブを育てて、ハーブティーや料理に使っている。都心であることを忘れてしまうほどのナチュラルライフ。

グリーンに囲まれたダイニングは、まるでお庭で食事をしているようなさわやかな気分になる。この日は、ベトナムの麺料理とグリルチキン、レモンソーダでおもてなしランチ。

KITCHEN

キッチンカウンターにも小さめのグリーンを。奥がカシワバゴム‘バンビーノ’、手前の小さな鉢はペペロミア・アングラータ。野菜やハーブなども一緒に並べて華やかにしている。季節感が出て素敵なキッチン風景。

CASE ❶ 育て方・飾り方のポイント

加湿器はかごに入れて インテリアに馴染ませる

ナチュラルなかごに加湿器を入れて、インテリアに馴染ませる工夫を。コードが出るようにかごに穴を開けて、グリーンの近くに置く。空気が乾燥する季節は空中湿度を高め、より生き生きとする気配りを。

土の乾きを見ながら水やり。元気を与える活力素を入れて

水やりは土の表面が乾いたらたっぷりと。活力素のメネデール®を水やりの時に適量混ぜて与える。活力素は肥料とは違い、季節や健康状態にかかわらず、元気な株に育てたい時に手軽に与えられる。

曲がりの枝は 支柱を立てて固定させる

リビング中央のアルテシマは、ソファ側に流れのある樹形。成長と共に重心のバランスが変わるので支柱を立て、プラ鉢に重さの負担がかかる位置に発泡スチロールをはさみ、46 ページのように麻布でカバー。

季節によって 置く場所を変える

高層階の南向きの部屋は、季節によって窓面の日照が大きく変わる。夏は窓側に置くと直射日光が当たるので、葉色を見ながらキッチンカウンターに移動。春や秋は窓を開け、日照確保のため窓台を活用している。

インテリアグリーンリスト

エバーフレッシュ

当初、寝室にあった時は根が若く調子が安定しなかったため、いつも目配りできるリビングの西側に移動。窓を開ければ通風が確保できる。今は環境に慣れ、成長も緩やか。→ **p.99**

シェフレラ・アルボリコラ

希少な古木のシェフレラ。太い幹の力強さと細やかな葉は、重厚で落ち着きを感じる。目覚めと共に古木の優しい存在が目に入り、さわやかな朝を迎えられる。→ **p.96**

アルテシマ

日光にまんべんなく当たるように時々回し、適宜剪定して木のバランスを整える。個性的な樹形にはスリムな鉢を合わせて樹形を強調。座った時にグリーンが目に入る場所に。→ **p.92**

ペペロミア・アングラータ

初めて伺った時、過湿ぎみで根元の葉が黄色くなり落ちていたので、植え替えを。剪定したものを隙間に挿し木し、半日陰で乾かしぎみに育てたところ葉色もよくなった。→ **p.119**

カシワバゴム‘バンビーノ’

成長と共に、元々鉢カバーとして使っていた正方形の鉢に直植えしたことでさらに葉の枚数が増えた。右の細い枝は剪定枝の挿し木。鉢に合わせてボリュームが出た。→ **p.95**

ゲッキツ

花に芳香のあるミカン科のゲッキツ（シルクジャスミン）は春から秋はベランダで楽しむ。冬の寒波で葉が傷むので、真冬のみ室内の窓台に置いて、寒さ除けをする。

リビングとダイニングの間にグリーンを集合させ、空間を心地よく仕切る

観葉植物歴は18年ほど。3階建ての一軒家に、ご夫婦2人で暮らしています。豊富な品種のグリーンと共に生活するスタイルを実現させている、植物好きにはたまらないお宅です。（東京都大田区在住）

毛糸や布、ボタンで作られた小鳥の小物。小物とグリーンの合わせ方にもセンスが光る。メインツリーのベンガレンシスに吊り下げて。

「緑に囲まれる生活をしたい！」。その思いは、コロナ禍で家時間が増えたことでさらに高まったそうです。ご主人が一人暮らしの時から育てているパキラに始まり、つる性の植物からミニサボテンまで、とにかくバリエーションが豊富。隣家が近く、日当たりが確保できない部屋もありますが、ご夫婦のこまめで適切なお手入れで、生き生きと育っています。

2階はカントリーテイストのインテリアが心地よい縦長のワンフロア。リビングとダイニングキッチンを分けるようにグリーンをまとめて配置し、ラフな間仕切りを作っています。玄関から階段を上がると、大きなベンガレンシスをはじめとしたインテリアグリーンが出迎えてくれます。

もうひとつの見どころは、ダイニングテーブルの脇にある東向きの出窓。こちらは、午前中に心地のよい光が入る特等席。小さな鉢がずらりと並ぶほか、カーテンレールにはマクラメなどのハンギング。空間を上手に生かした楽しいコーナーになっています。毎日欠かさず葉水をするため、葉の艶がよくとても美しい。雨や露がなく、葉にほこりが溜まりやすいインドアグリーンは、葉水をすることで葉や枝からも水分を吸収し、生き生きと健康的に見え、さらに害虫予防にもなります。そのため、空中湿度を好むディスキディアなどがとても元気に育っています。

以前は、置きたい場所に植物を置いてもうまく育たないことがあったそう。そんな時は、無理をせず置く場所を変えました。デッドスペースがあることを把握し、健康状態の優れない植物はテラスで養生するなど、植物の声を聞きながら育てています。

DINING

リビングとダイニングの間には、３つの鉢をまとめて置いて間仕切りに。大鉢のベンガレンシスの周りに、ボリュームを出すようにポリシャス（奥）とモンステラ（手前）を。

WINDOW

東側の窓辺はハンギンググリーンと多肉植物が並ぶ。午前中の光がグリーンたちの元気の源になる。レースのカーテンに合わせた小物たちとフェイクのチランジアもいいアクセント。

① 左は、綴化《てっか》（突然変異で成長点が帯状に変化したもの）のユーフォルビア・オンコクラータ。そこから、通常成長の芽が出ている姿。その隣は支柱が必要になるほどに育ったユーフォルビア‘ソテツキリン’。
② 奥にあるのは、塊根植物のシンニンギア（断崖の女王）。ベルベットのようなやわらかい毛をまとう葉を持ち、初夏にサーモンピンクの花を咲かせる。他にも、ガジュマルやハオルチアなど、気に入ったグリーンを少しずつ集めている。
③ ごく小さな愛らしい花を咲かせたユーフォルビア‘ハナキリン’。水はけのよい土で植えて、植え替えは10年に一度が目安。

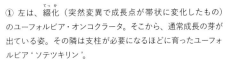

KITCHEN

キッチンの流しの上に下げられたディスキディア（左）とリプサリス（右）は、10年以上育てている。同じ場所、変わらぬペースの水やりと葉水で、グリーンも安心して過ごせる。

キッチンは日当たりがよく、剪定した枝を水につけておいたらポリシャスはしっかり根が出た。今までもポトス、ベンガレンシスなどの発根に成功。発根した枝は生育期に土に植え、発芽まで半日陰で育てる。

キッチンの出窓にはホヤ（左）やフィロデンドロン（右）などのつるものを数鉢置いて、自然に垂れ下がる姿を楽しむ。日が強い時期は葉色を見ながらブラインドで遮光する。

WORKING ROOM

3階は2階のカントリースタイルと雰囲気が異なり、プリミティブなインテリア。寝室から書斎に模様替えしたタイミングで、デスク背面のスリット窓の前をグリーンエリアに。

LIVING

日の当たる方向に向かって伸びた枝をひもで誘引して、カーテンレールに沿わせています。剪定をせずに自然に任せたところ、数年で強い日差しの日除けになる、ちょうどよい形に育ちました。愛嬌のある植物が好みとのことで、品種は一般的でありながらも、個性的なグリーンが集まっています。グリーンが作る影も意識し、太陽や照明との関係も見ながら配置しています。

枯れた枝を切らずにそのまま残しているのも「枯れた木の中に同居して生きている葉が美しい」から。出窓には、イタリアのムラーノ島のガラス器や、ベルギーのアンティーク品、ブリュッセルで見つけたキャンドル、有田焼の脚がついたランプなどと合わせて、生きているサボテンや枯れたサボテンも一緒に。インテリア上級者のコーディネートが光ります。

出窓は部屋の中で一番日当たりがよい場所なので、日照を好むグリーンのスペースに。対して、部屋の奥の壁際は明るい日陰。カラテアなど、直射日光で葉が傷みやすいグリーンを置き、植物の特性や生育環境を考慮しながら飾っています。

②

①

③

① キッチン用品が置かれたシェルフは部屋の窓から離れていて、室内の中でも遮光ができる場所。部屋の入り口にあるシェルフのグリーンは迎え花的な要素もある。
② 目線より高いキャビネットの上にアスパラガスを置き、力強い根張りと垂れ下がる枝を下から眺める。吊り鉢は、葉がねじれながら個性的に伸びるドラゴンフルーツ。
③ 出窓に加わったガジュマル。小鉢のサボテンたちを横に見ながら、その落ち着いた姿は巨木のよう。ガジュマルの葉色が濃いのは調子のよい印。葉色で状態がわかる。
④ リビングで一番通気が悪いコーナーには、強健なフィカス‘バーガンディ’を選ぶ。その葉色に合わせて、シェルフの下にピンクの斑の入るカラテア‘ドッティー’を。

BED ROOM

ベッドルームは、窓を開けるとさわやかな風が通る。デスクの木の色とエバーフレッシュの幹の色が似ていてしっくりくる。葉の色と幹の色、家具やファブリックの色などに共通のイメージをもって合わせるとよい。

ベッドルームの窓際には大株のユーフォルビア・オンコクラータ。動きのある枝がすっきりとした部屋のポイントになっている。オンコクラータは濃い緑のものもあるが、この株は黄緑色になり、根が詰まり始めている。これはそろそろ植え替えのサイン。

① エバーフレッシュは枯れた枝を残し、成長の歴史を刻む。枯れた枝には鳥かごのオブジェを飾って楽しむ。
② 冬型多肉植物のケイリドプシス・ピランシーは枕元の棚の上に。オランダの鉢はインテリアのスパイスに。
③ デスクの棚に小物と一緒につる性の植物を。ポトス‘パーフェクトグリーン’(左)とシュガーバイン(右)。エアコンをつけない時期だけ置くようにし、窓からの風が心地よく葉を揺らす。

水やりはベランダで。
葉水はシャワーでしっかりと

お手入れは、休みの日にまとめて行い、乾きやすい夏場は、週2回くらい水やりをするように心がけている。広いテラスに出して、シャワーで十分に葉水と水やりをし、しっかりと水を切ってから部屋に戻す。

インテリア小物と一緒に
グリーンを飾る

小鉢のサボテンを愛着のある小物と一緒に出窓に並べる。上級者ならではのナチュラルな飾り方。思い出のコレクションが少しずつ増えるたびに楽しみが増えていく。枯れたサボテンも歴史を刻んでいくアイテムに。

テラスで養生する時は
倒れないように固定

調子が悪くなったら風通しのよいテラスに出して養生。強光の当たらない明るい場所を選び、風で倒れないように手すりのフェンスに麻ひもで固定。風が強い日は延期する。たっぷり水やりして、風通しも確保する。

日当たりに合わせて
植物を配置する

壁際の棚は明るい日陰。マランタ‘アマグリス’（下）やスキンダプサス（上）など、直射日光で葉が傷みやすいグリーンを飾って。南向きのリビングは、夏季は非常に日当たりがよいので、壁際の棚が活躍する。

INTERIOR GREEN List

インテリアグリーンリスト

パンダガジュマル

太く無骨な幹に愛嬌のある丸い葉のバランスが愛らしいこの木は、一目惚れして購入。動きのある太い幹に、横縞の入ったどっしりとした鉢を合わせてモダン盆栽風に。→ p.94

フィカス
‘バーガンディ’

置いているのは、リビングのテレビ台の近く。出窓の株に比べて日が陰っている場所にあるので、葉の色は濃い緑。植物は日当たりによって葉の色を変え、順応しようとする。→ p.94

ブラキキトン・
アケリフォリウス

部屋入った時に目に飛び込むブラキキトン・アケリフォリウス。ブラキキトンの中でも葉が大きく、観葉植物らしい品種。ソファに座った時に、広がる葉に包まれて心地よい。

アスパラガス・
ミリオダグラス

放射状に出る葉を持つミリオダグラス。トゲのあるベージュの幹に濃い緑の葉はシンプルながら枝の動きに存在感があるので、個性的でスタイリッシュに飾れる。

シュガーバイン

繊細な葉を持つシュガーバインは、日照を好み、寒さにも強く育てやすい。長く伸びたつるが魅力で、棚や台の上に置いて、自然に垂れ下がる姿を楽しむ。→ p.106

ユーフォルビア・
オンコクラータ

枝の動きが面白い株。多少の耐寒性と耐陰性があるので、初心者でも育てやすい。生育期にはごま粒のような小さな葉がつき、寒さではピンクに色づき表情豊か。→ p.124

CASE ❹

空間の過ごしやすさを第一に考え、ほどよいグリーンのボリュームを意識

閑静な住宅街にある一軒家は、白い壁と白い床のタイルで、生活感をそぎ落としたスイートルームのようなインテリア。ご夫婦と2匹の犬が暮らしています。

（神奈川県横浜市在住）

白を基調としたインテリアはとても明るく、シーリングファンが心地よく空気を循環させている、まさに植物にとっても、人や犬にとっても快適な空間。床や壁は白で統一され、ガラス越しにテラスが見える広々とした玄関や、丸窓があるモダンな和室が印象的で、グリーンがとても映えます。

玄関からも目に入る明るいＬＤＫに置いているのは、シンボルツリーのウンベラータ（34ページ）。以前は、同じフィカス属のアルテシマをシンボルツリーにしていましたが、早春の肌寒い日の夜に外に出したままにしたら葉がすっかり落ちてしまったため、現在ソファ脇で養生中。葉が落ちた枝を思いきって切ったところ、脇芽が出てきてほっと安心しています。

犬が2匹いることもあり、グリーンは「ぎゅうぎゅうに置きすぎない」ことが第一のルール。空間の過ごしやすさと動線を考えて、スペースを把握してからほどよいボリュームを決めています。空間を埋めていくプラスのコーディネートではなく、部屋を花器のように考え、間を大事にするマイナスの考え方だからこそ、この心地よさが生まれるのです。

２０１５年に新築した時に、真っ白なこの空間に温かみのあるグリーンを置きたいと思ったのがきっかけ。ただし、理想は「掃除がラク、世話もラク、放っておける」こと。水やりも手入れも適度に、見守るのがポイントというくらいで、特別なことはしていないといいます。それでも、植物の様子をこまめに観察して霧吹きをするなど、ほどよいお手入れが習慣になっているのが、生き生きとしたグリーンの様子からよくわかります。

玄関ホールの右側に、琉球畳のモダンな印象の客間のある設計。丸い窓がお月様のように優しく照らす中、お客様をお迎え、見送る時に見える位置に、凛とした植物たちを飾る。

ENTRANCE

広々とした玄関ホールは、スケルトンの階段とテラスが見渡せて開放的。アイキャッチのフィカス‘ナナ’（左）とフィロデンドロン‘ナロー’（右）、そして愛犬が迎えてくれる。

ラウンドテーブルは居心地のよいリビングの要となっている。犬たちの通路も確保できるように、シンボルツリーのウンベラータは腰高の鉢を合わせる。

LIVING

KITCHEN

① 生活感を感じさせないスタイリッシュなキッチン。カウンターの上には、スリット窓の前がお気に入りのストレリチア・ユンケア。環境が整いづらいピアノ横の白壁の前に、強健なドラセナ・デレメンシス‘コンパクタ’を配置。点在したグリーンに和む空間。
② チランジアをガラスのお皿に合わせてキッチンに。葉色がマットなシルバーグリーンに透明感がプラスされた瑞々しいコーディネート。

① 直射日光が当たらない、テラスに近い窓辺はアルテシマの養生スポット。テラスで水やりができ、通風も確保できる。２本の枝の位置を固定するため支柱を立てている。
② 窓がある化粧室には植物を飾ることができるが、日頃の換気と、時々行う半日向での日光浴が健康の秘訣。壁紙に合った、垂れた葉がレースのように美しいダバリア。

ワンフロアのＬＤＫは部屋のどこにいてもグリーンが視界に入る。植物を置くと湿度も保たれるそう。シーリングファンを回して窓を開けることが多いという室内は、白いタイルが夏はひんやりして心地よい。

GUEST ROOM

家具がなくすっきりした客間では、入り口正面の丸窓の前でパキラ（右）とピレア・ペペロミオイデス（左）が迎える。敷板はカジュアルに古材を合わせる。

葉が落ちてしまったら タイミングを見て剪定

葉が枯れて落ちてしまったため、主枝を切ったアルテシマ。剪定時期は生育期の５～９月頃が適期。枯れ枝の剪定は新芽が出るかを見極めてから、寒さや暑さを避けて切り戻しする。

背丈は低く幅のあるグリーンは 腰高の鉢に合わせる

枝が横に張りやすいフィカス‘ナナ’。ボリュームは欲しいけれど、すっきりとさせたい場合、腰高の鉢がおすすめ。タイルや壁の白に合わせて白い鉢を選ぶと、グリーンがより印象的に。

霧吹きはこまめに。 気付いた時にできる工夫

部屋の何か所かに小さな霧吹きを置いておけば、気付いた時にすぐに霧吹きができ、面倒にならない。さらに、シンプルな白い霧吹きを選べばインテリアに馴染む。目配りが上手で、グリーンも家族の一員のよう。

日当たりのよい場所で 時々日光浴を

部屋の奥に置いているグリーンは時々窓際の階段に移動して日光浴させる。ここは風通しがよく、直射日光が当たらない最適な場所。小鉢が並んだ姿が可愛らしいので、少しの間そのままにしておくこともある。

インテリアグリーンリスト

ストレリチア・ユンケア

日照が好きな種だが、水やりの間隔の調整で半日向でも元気に育てられる。日当たりのよい場所では葉がかたく、色が濃くなる。葉が垂れる場合は、日照の割に水やりのペースが早い。

ドラセナ・デレメンシス ‘コンパクタ’

非常に強健なデレメンシスは印象的に飾りたい場所に。濃い緑の落ち着いた存在感はインドアグリーンの中でも随一。耐寒性があり、日が少ない場所でも新芽を出す。→ p.105

ウンベラータ

白のインテリアに映える木として、大きな葉で葉色の明るいウンベラータを。フィカスの中でも、太陽の向きに合わせて自由に伸びるやわらかい枝も特徴のひとつ。→ p.93

ダバリア

根茎に茶色い毛が生えているのが動物の足のように可愛いタバリア。根茎を鉢の外に出し、葉の繊細さとの対比を楽しむ。鉢選びが楽しい種で苔玉や吊り鉢でも楽しめる。→ p.108

ミクロソリウム ‘ディベリシフォリィウム’

水中植物の仲間で特徴的な根茎を持つ。吊り鉢でも楽しめ、場所を選ばず育てやすい。この株は明るい場所に置いていたので葉色が明るいが、日陰では緑色が濃くなる。→ p.110

アルテシマ

緑葉のアルテシマ。斑入りのアルテシマが多い中、緑葉はシンプルで優しい印象。一般的に斑入りよりも緑葉の方が強健とされていて、初めて育てるにはおすすめ。→ p.92

緑に囲まれた、ラフで開放的なグリーンライフ。育てやすい植物選びで、手入れもラクに

静かで住みやい住宅街にある3階建ての一軒家。ご夫婦と学生のお子さん2人の4人家族で、20年ほど前から植物と暮らしています。（東京都品川区在住）

スタイリッシュなコンクリート造りの空間に、天井高を生かした背の高いグリーン、つるもののラフな配置で、部屋全体が心地よく緑に囲まれています。2階の広いLDKは、南側全面が腰窓でとても明るい雰囲気。テレビコーナーにはご主人の趣味のギターやドラムセットにグリーンを交えて飾り、ソファに座った時に見える景色がお気に入り。グリーンに包まれているのを感じるといいます。

1階の玄関から2階のリビングに続

く折り返し階段には背の高いグリーンを2鉢置き、植物のトンネルをくぐっているような気分に。リビングからもガラス越しに階段の緑を感じられます。階段の鉢はウッド調で、コンクリートの壁に囲まれた空間に温かみをもたらし、大鉢と一緒に置かれたポトスも元気につるを伸ばしています。

パキラやドラセナ、フィカスなど、濃い緑色で大きく育つグリーンがシャープな内装によく合っています。植物を選ぶ時は、好みに加えて、どこにどのくらいの大きさで置くか想定してから探すそう。置いた時のイメージがしっかり固まっているので、インテリアに合うグリーンが見つかりやすいのです。さらに、選んでいる植物はどれも乾燥に強く、強健な性質。日当たりのよい明るいお宅でもあるので、手入れの負担が少なく気軽に楽しむことができています。

袋小路の道路に面している1階のガレージは、現在はご主人の趣味の部屋に改装され、人通りを意識せずに屋外の植栽を眺めながら過ごせるくつろぎの空間に。趣味で集めたボックスなどのアイテムにグリーンがよく合います。

LIVING

2階のLDKはコンクリートの外観からの想像を超える温かみのある空間。ソファに座ると、左右に置かれた緑に囲まれる。階段に飾られたグリーンもガラス越しに重なり、森のよう。

① リビングのコーナー、楽器の横で踊るようなドラセナ・コンシンネは新築当初から育てている。ウッド系の家具や小物に合わせてウッドプランターに。
② ダイニングテーブルの上の配線ダクトのレールに、市販のダクト専用フックを取りつけてビカクシダとフィロデンドロン‘ブラジル’(左の写真)を飾る。手軽に吊り鉢を楽しめる方法。

KITCHEN

階段側にドラセナ、窓側には高さ1ｍくらいのシェフレラを置いてアイキャッチに。中くらいのサイズのグリーンはボリュームも確保でき、移動も容易。水もちもよいので手間がかからない。

１階から階段を望む風景。ショウナンゴムとジャワゴムが頭上から迎えてくれ、長く伸びた枝がトンネルのよう。吸い込まれるように２階のリビングに向かう。

STAIRS

PRIVATE ROOM

1階のガレージは、段差なく屋外に通じているので、生育期の5月以降は植物の養生スペースに。日の光に合わせて容易に出し入れでき、活躍している。

②

①

① 2階から3階に向かう階段の踊り場。コレクションと一緒にポトスを飾る。インドアグリーンの中でも特に育てやすいポトスは、日が少ない場所でも元気に育つ。水やりの回数が少なく、手入れがラクで、さまざまな雑貨に馴染みやすいのも特徴。
② 1階から2階の階段の踊り場にも、大鉢と一緒にポトスを。背の高いウッドの鉢カバーの上に置いてボリュームアップ。

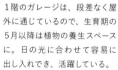

CASE 5 育て方・飾り方のポイント

麻布をかぶせて
ほこり除け＆プラ鉢隠しに

大鉢は鉢カバーに入れるケースが多く、プラ鉢が丸見えになってしまう。土を覆う砂利やバークを置くこともあるが、麻布はプラ鉢も隠せるのでおすすめ。水やりの時にすぐに外せるので、衛生的で通気性がよい。

2つの鉢をまとめて置き
ボリューム感を出す

パキラを2鉢まとめて置くことでボリュームを出し、大木のように見せる工夫。コンクリートやガラスなどの内装に合わせ、鉢カバーの素材もセレクト。リズムのある配置で、自然な居心地のよさを感じる。

向きや場所を変えて
まんべんなく日に当てる

屋内は日の向きが偏っているので、窓側の枝と室内側の枝では成長の差が出る。1年で1回転するくらいのペースでまんべんなく日に当てて。枝が少ない幹は新芽が動くまで時間がかかるので、数か月かけて回す。

枝が傷つかないように
クッションを当てる

階段の木は成長と共に太くなり、手すりに密着してしまったので、クッションを当てて幹に傷がつかない工夫を。植物に対する優しさを感じるクッション。さらに木が不安定の時は手すりにひもで固定すると安心。

INTERIOR GREEN List

インテリアグリーンリスト

ジャワゴム

葉に赤い起毛のあるジャワゴムはフィカス属の中でも成長が緩やか。横枝が出る特徴があり、剪定をほとんどしなくても魅力的な自然樹形に。動線を確保しながら枝の向きを楽しむ。

ショウナンゴム

階段のコーナーにはさわやかな風を感じるショウナンゴム。枝が横に広がるので緑のトンネルの演出にはぴったり。階段は日の光が少ない場所のため水やりの間隔は長めに。→ **p.95**

パキラ

乾燥に強く耐陰性のあるパキラは、他の植物が難しい場所でも育つ場合がある。幹に水を溜めるので水やりは土が乾いてから。新芽が出ない、葉が傷むなどの場合は移動を。→ **p.98**

ポトス

成長が早く、乾燥に強く耐陰性がある。葉の形もシンプルなのでどんなインテリアにも合わせやすい。こちらのお宅のように、大鉢の縁など置き場所もさまざまに楽しめる。→ **p.102**

ドラセナ・コンシンネ 'トリカラー'

斑がきれいなコンシンネは、緑の葉が多い中で、カラフルなファブリックとの相性もよい。耐陰性があるといわれているが、よく日に当ててしっかり水やりする方が丈夫に育つ。→ **p.105**

ドラセナ 'ソングオブジャマイカ'

動きのある枝に、艶のある緑の葉が踊るように生えるのが特徴。多少の耐陰性があるので、明るい日陰でも育てやすい。大鉢になると生育も安定するので安心感がある。

風通しのよい スタイリッシュな空間に グリーンを分散し、時に模様替えを楽しむ

7年前に新築した一軒家に、ご夫婦と社会人の娘さん、そして愛犬1匹が暮らしています。高台にある3階建てのお宅は、植物を育てるのを考慮した設計で、対面に窓があり、風が通り抜けていきます。（東京都23区内在住）

以前からグリーンライフを楽しんできたご家族。現在の家の設計段階から、大きめの窓や植栽の置き場所を確保できるよう、リクエストしたそう。そのため、LDKがある3階は、南北に窓があって風通しがよく、植物にとっても快適な空間。窓外にベランダがあり、屋外でも植物を育てています。

植物はいつもお任せでオーダーしてくださり、お好みは風にそよぐモダンなインテリアグリーン。犬の世話と同じように、様子を見ながら生き物に寄

娘さんの部屋の植物。幅 10cm ほどの窓枠を利用して小鉢を置く。窓の外の緑を借景に多肉植物とガラスの鳥を並べて。左はミルクブッシュ、右はカランコエ。

り添う生活をしているように感じます。水やりの頻度は少なめに、植物の生命力を尊重し、まめにパトロールして土の状態をよく観察。「これは今日。こっちはもう1〜2日後かな」といった感じで、鉢ごとに水やりの判断をしています。それと同時に、調子があまりよくないと感じたら移動するなど、部屋の模様替えのようにディスプレイを楽しんでいます。

リビングのグリーンはポイントを絞って厳選。それに対して、圧巻なのは娘さんの部屋。いたる所に小さめの鉢が並べられていて、充実したグリーンライフを送っています。北向きの部屋には小さな窓がいくつかある程度で、日当たりはあまりよくないので、調子が悪く感じた時は養生スペースの南側のベランダに移動します。

以前住んでいた家から持ってきた植物が、引っ越し後に調子が悪くなってしまったことがありました。植物が新しい環境に慣れるまで、半年以上はかかります。環境が変わってもすぐに新芽が出れば安心ですが、慣れるために古い葉を落とすことがあります。その場合は、生育期に屋外で風や雨に当てて養生するとよいでしょう。

リビングの南向きの窓際は、植物にとって一番快適な場所。大きな窓から日がたっぷりと注ぎ込む。植物のための台を設け、たまに入れ替えながら小鉢や中鉢を並べる。

LIVING

3階の長方形のフロアの中央に階段があり、リビングとキッチンに分かれる。キッチンとの間仕切りも兼ねて、ベンジャミナ'バロック'（左）とツピタンサス（右）を。階段上の天窓の明るさで育つ。日陰の棚上にはフェイクのチランジア。

LIVING

BED ROOM

南側の窓側にはポリシャス（右）と斑入りのシェフレラ‘ホンコン’（左）。寝室は1年を通して温度が一定に保たれるからか、寒さに弱いポリシャスはこの場所に移動してから調子がよい。

① チランジアは、水がやりやすく遮光できるキッチンに。種類によって水の吸い方が違うようだと話す奥様。数年をかけて大きく育ったそう。観察眼が何より上手に育てるコツ。
② 娘さんが購入した接ぎ木のサボテンは、初めて育てるので、なるべく日当たりのよい場所にとキッチンの窓台に。パンパンに張った茎を見ると、居心地がよさそう。

PRIVATE ROOM

北側に位置する娘さんの部屋は当初、日陰向きのグリーンをおすすめしていたが、お好みはアジアンタム（右端）のような明るい葉色の、半日向の場所が向くグリーン。少しずつ集めて、とても上手に育てている。

娘さんの部屋のメインの窓の前には植物がずらり。デスクの上にはブロックを積んで高さを出し、日が当たるようにディスプレイ。多肉植物など、水が控えめでも育つ植物が多い。

ポトス‘エンジョイ’は、スリット窓がある玄関の棚上が定位置。多少日照が足りない場合でも非常に元気に育つ。この場所が気に入ってくれた様子。

ビカクシダは木に着生するため、鉢に収まらない形になることがある。娘さんの部屋のこの位置に置く予定で流木を選び、麻布や麻ひもなど土に還る素材で固定させた。貯水《ちょすい》葉《よう》が成長すると一体となる。

ベランダの植物を
借景にして飾る

各部屋にはベランダがあり、開放的な設計になっている。窓の外の植栽を景色にグリーンを飾ると、互いが引き立ち存在感が増す。ベランダも含めて空間全体のバランスを見ながら配置することがポイント。

リビングの窓際は
養生スペース

一番目の届きやすいソファ横の窓辺の台は、暖かい日が注ぎ込み、調子を崩した植物の養生場所も兼ねる。水やりの時や生育期にはすぐにベランダに出せる。手間がかからない工夫は楽しむためにとても大切。

お手入れセットは
手の届きやすい場所に

南側の窓辺の台の下、ベランダ付近に道具を置くことで、気がついた時にすぐにお手入れができる。はさみや霧吹き、ピンセットや薬剤など、家の中でも何か所か置き場所を作ると、お手入れがより気軽に。

チランジアは
窓辺に吊り下げて

娘さんの部屋のスリット窓には、麻ひもを使って吊り下げられているチランジアたちが。水やりの後にすぐに風通しを確保しながら飾れるアイデア。まるでカーテンのように小さな目隠しにもなる。

インテリアグリーンリスト

ビカクシダ

半日向を好み、乾いたら水をたっぷり。通気性を好み耐寒性があり、コツをつかむととても育てやすい。貯水葉《ちょすいよう》が大きく出てくると調子がよく、続けて胞子葉《ほうしよう》が出る。→ **p.111**

ツピタンサス

古木のツピタンサスは以前も調子を崩したことがあり、今年も枝先の葉を落とした。ツピタンサスは葉が出るサイクルが早いので、2か月ほどベランダで養生したら葉が再生した。→ **p.97**

ベンジャミナ‘バロック’

購入当初は40cm程度だったが10年ほどで1mに成長した。置き場所によって葉の生え替わりが多い種だが、引っ越し後、慣れるのは古株だったからか早かった様子。

ガジュマル

タコの脚のような幹の仕立てのガジュマル。大きくせずに10年以上育てている盆栽状態。芽の動きも緩やかで剪定は徒長枝を切る程度にし、数年に一度植え替えをしている。→ **p.94**

ユーフォルビア‘フォレスフォリア’

指のように縦に長く伸びた茎の形が面白い多肉植物。当初窓枠に収まっていた大きさだったのが、ぐんぐん伸びて倍ほどの長さに。丸い鉢との対比が可愛らしい。→ **p.124**

ポトス‘エンジョイ’

葉が落ちてつるばかりになっていたポトス。発根を促すように、赤玉土に植え替えてつるをUピンで固定し、カーテン越しの明るい場所で養生。みるみる葉が出て溢れるほどに。→ **p.102**

コンセプトは、インテリアとしてのグリーン。水やりは控えめにして丈夫に育てる

パートナーと愛犬と共に暮らす部屋は、モダンなホテルのような空間。マンションの一室を3年前にフルリノベーションし、くつろぐためのスペースを設けました。そこが植物のためのインナーテラスとして活用されています。（東京都千代田区在住）

ホテルのような空間にしたいとリノベーションしたお部屋。インテリアとしてのグリーンと考え、数を絞って大きめの鉢をセレクト。植物歴が浅いので育てやすい植物を選び、場所を絞って置いています。ベッド脇にあるシェフレラは前のお宅から一緒に引っ越しをしました。

　こちらのお宅のメインスペースが、部屋の中心に位置する白い壁、明るいグレーのタイルが敷き詰められたインナーテラス。窓際にグリーンを並べて、サーキュレーターを回して風通しをよくし、植物が喜ぶ環境を作ります。窓からのやわらかい光を遮らないように、

部屋の中心にあるインナーテラスは、玄関とベッドルームの間に位置する。1か所にグリーンを集中させると緑に囲まれている心地よさがあり、世話もしやすい。

INNER TERRACE

カーテンはせず、日照も確保。床から反射する明るい光は、植物にとって好都合です。

水やりは頻繁に行うと弱る可能性があるので、日照が少なめの部屋は土の乾きを繊細に観察しながら、大鉢は水やりの間隔を2週間ほど空けて。新芽の様子を見ながら、適度な乾燥に耐えることで根が丈夫になるよう育てています。

インナーテラスのシンボルツリーのウンベラータは、以前はリビングにあったのを移動。年数を経た木なので、水やりの間隔は長めにしてゆっくりと成長させます。隣のシェフレラは、主木が枯れてしまいましたが、現在は脇芽が出てきて葉数も増え、再生中。これからどんな樹形になるか楽しみに観察しています。金色の花台には葉形の異なる3つの鉢をまとめて。玄関から入ってきた時に目に入るインナーテラスを美しく飾っています。

日当たりが悪い場所には、フェイクグリーンや生花の枝ものを飾るなどの工夫も。部屋全体でグリーンの配置のバランスを取っているので、まとまりがよく心地よい空間になっています。

リビングは天然石を壁に設え、重厚な印象。ドウダンツツジを活けた花器やラウンドテーブルはガラスで統一している。オーガスタの鉢は素材感を重視して選んだ。

寝室からベランダを望むと、窓ガラスの内と外に配置されたさまざまな緑のグラデーションに癒やされる。ベッド脇には古顔のシェフレラ。

L字形の間取りになっており、リビングから自宅のベランダを望める。手すりから張り出した紅葉の枝を見ながら、季節を感じることができる。窓の外の緑は借景となり、大切な要素。

オブジェのような花台に3鉢を置いている。葉色が映える金色の天板は白を基調としたインテリアのポイントに。石の脚に安定感があるので3鉢置いてもぐらつかず、見た目のバランスもよい。

ENTRANCE

玄関を開けると、日を浴びて光るインナーテラスのグリーンたちがお出迎え。玄関から目に入るアイビーの流れる姿が気に入っている。仕切りがないベッドルームの目隠しの要素も。

サーキュレーターを取り入れて通風を確保

インナーテラスは部屋の中央にあるので、サーキュレーターを取り入れて、自然の風に近い空気の流れを作る。若干窓を開けるのも効果的。間接的に植物に当てると葉の乾燥を防ぐことができる。

日が当たらない場所はフェイクグリーンで飾る

デスクの上の本棚にグリーンを置きたかったが、水やりや日当たりのことも考えてフェイクグリーンを取り入れた。鉢との組み合わせも吟味してセレクト。植物と一緒に置くと、本物と見まちがうほど。

背の高い鉢に入れるならプラ鉢＆上げ底がベスト

以前、腰高の陶器の鉢に直に植えられていたシェフレラは、根のわりに土の量が多すぎて土が乾かず、根腐れしてしまっていた。８寸のプラ鉢に植え替え、上げ底にして高さを合わせ、土を乾かして発根を促した。

ベランダに出してたっぷりと葉水

植物の調子が悪い時や休みの日に、春から秋はベランダに出して風通しをよくし、霧吹きで葉水をするのを習慣にしている。害虫チェックも欠かさず、こまやかなお手入れが健康の秘訣となる。

INTERIOR GREEN List

インテリアグリーンリスト

シェフレラ

引っ越す前のお宅で育ったシェフレラは、一番付き合いが長い植物。プラ鉢に植え替えた後、天井につくほどの高さまで成長。主枝を切り戻し剪定したところ、新芽も吹いた。

シェフレラ・アルボリコラ

枝は細いが、幹の繊細な曲がり方を見ると年数を経ている株。根も適度に詰まっているため、水やりは時間をかけてゆっくりと吸わせる。枯れ枝もオブジェのように残して楽しむ。→ **p.96**

オーガスタ

ラグジュアリーなインテリアに合うオーガスタはストレリチアの仲間。これ以上高く伸びすぎないように、水やりの間隔はできる限り空けて、締まった株に育てている。

ペペロミア・カペラータ

多肉質のペペロミアは半日陰で土は乾かしぎみがお好み。他の植物とも水やりのペースが合い、よく伸びてワイルドな形に育っている。紫の葉がインナーテラスのポイントに。→ **p.119**

アイビー

長く伸びた見事なアイビーは、室内では意外と難しく、葉の乾燥でハダニがついたり落葉したりすることが多い。コツは、水やりなどのタイミングでベランダに出し、葉水は欠かさないこと。

モンステラ

気根がたくさん出たモンステラ。床に伸びていくことが多い気根を、無理なく様子を見ながら丁寧に土に誘引して今の形ができたそう。ご主人の植物愛が垣間見えるひと鉢。→ **p.100**

部屋別

インテリアグリーンの飾り方

部屋のどの場所に置いたらグリーンを効果的に演出できるか、植物の特性と日照や通風は合っているか。エアコンの風が直接当たらないか。育てる環境もあわせて考えてみましょう。

BED ROOM

心地よく目覚められる
優しい印象のグリーンを

寝室のインドアグリーンに大鉢を選ぶと、目が覚めた時に緑の葉と幹、植物の香りを感じることができて、1日の始まりをさわやかに迎えられるでしょう。また、枕元に置く小鉢は、寝る前のくつろぎの時間を一緒に過ごす相棒になります。グリーンを楽しむには窓から光が入る明るい寝室がおすすめです。日照環境に合わせたグリーンを選んでチャレンジしましょう。さらに、エアコンの位置や風通しを考慮すると、健やかに育てられます。

ENTRANCE

玄関から見える明るい場所に
アイキャッチのグリーン

玄関のドアを開けた先にグリーンがあると、帰宅時、外出時、来客時といつでも清々しい気分にさせてくれます。玄関が日当たりがよいというお宅は多くありませんが、明るくて広めのスペースがある場合は、置いてみるとよいでしょう。廊下の突き当たりや、階段の踊り場、部屋の突き当たりなどにインテリアグリーンを置くとアイキャッチとなり、他に何もインテリアがない場所にも温かみをもたらし、癒やしの空間となります。

LIVING / DINING

目線に入る位置や動線を意識して。
間仕切りの役割も

リビング・ダイニングは座って過ごすことの多い場所。椅子やソファの近くなど、くつろぐ場所から目線に入る位置を意識してグリーンの配置を考えてみましょう。ＬＤＫでは間仕切りの役割も兼ねることができます。また、ワンフロアでは動線との関係も重要なので、荷物を持って歩くことが多い入り口の近くは避けましょう。部屋の左右のコーナーにグループを作って置いたり、ハンギングを追加したりするとグリーンに包まれた印象になります。

2 Chapter

鉢と小物と
グリーンのコーディネート

グリーンを飾る時に活躍する鉢や小物たち。インテリアグリーンの定位置の環境を整え、見映えのする場所にしてみませんか。この章では、鉢とグリーンの組み合わせ方、またグリーンと小物の相性などについて紹介し、自然素材のアイテムなど身近なものを使って手軽にディスプレイしています。「飾る」+「育てる」を叶えるグリーンコーナー作りの参考にしてください。

Arrange-ment of Pots, Interior goods & Plants

植物は、左手前から時計回りに、コーヒーノキの苔玉、カラテア・オルビフォリア、コチョウラン、モンステラ、ビカクシダ、ドラゴンフルーツ、ディスキディア・インブリカータ。木の器はすべて丹沢「山川工房」のもの。

木の器に飾る

インテリアグリーンは、植物専用の容器でなくても、身の回りにある暮らしのアイテムを用いて、素敵に飾ることもできます。そのひとつが木製のボウル。鉢を入れる容器として使ってみると、違う表情を見せてくれます。

サクラやカシ、ムクの木などの木目や偶然開いた節穴などを生かして作られた器は、ひとつとして同じものはなく、グリーンの表情をより豊かに、生き生きと演出します。それは、器として形成されながらも、木の個性と自然の趣が残っているからでしょう。木製の器には鉢皿を敷いて、ラフに入れてみましょう。陶器でも同じように応用できます。

かごに飾る

世界中で親しまれているかごは、色や形、大きさや質感も千差万別。インテリアショップや雑貨店などで購入し、気軽に取り入れられます。カラフルな縁取りがついたジュート素材の小物入れに小鉢を入れてみたら、可愛らしくインテリアに合わせやすくなりました。他にも、別の用途で購入したものや藤づるのかごを活用し、素材を統一して飾ることで存在感を発揮します。

プラ鉢の大きさに合ったものを、鉢カバーの代わりに使います。また、中の鉢が見える場合は、麻布をふんわりかぶせても。かごはなんといっても軽いので、大きな鉢を入れても移動がしやすく、大鉢にも活用できます。

ジュートの小物入れの小さな植物は、左からセネシオ‘七宝樹’、ユーフォルビア・アノプリア、リプサリス。横長のかごはペペロミア・アングラータ。背の高い植物は左から、自作の藤づるのかごに入ったオーガスタ、ポリシャス、右奥がパンダガジュマル、その手前がクッカバラ。

身近なもので棚を作る①

グリーンは1か所にまとめて置くと元気に育つという話を聞いたことはありますか？隣に仲間がいると水分湿度を共有するというのが理由のようですが、お手入れもしやすいので、育てる私たちにとっても好都合です。

グリーンが心地よく育ちそうな日当たりのよい場所に台となる家具がない場合は、簡単な棚を作ってみましょう。ホームセンターなどで手に入るコンクリートブロックを脚に、端材の板をのせるだけで、安定感のある台ができ上がります。さらに、天板の下もグリーンや道具の置き場になります。床に敷板を置くだけでもグリーンが飾りやすくなりますが、背の低い植物や、垂れ性の植物はほどよい高さの台があると、見映えがよくお手入れもしやすいです。

台の上の植物は左から、エピフィルム・アングリガー、ポトス（手前）、シェフレラ‘レナータ’（奥）、ベンジャミナ‘バロック’。右の背の高い花台に入っているのはベンガレンシス。

身近なもので棚を作る②

奥の大きな切り株の上は、右奥が細葉のフィカス、左手前がリプサリス・トリゴナ。手前の切り株は、右がペペロミア・サンデルシー（スイカペペロミア）、左がマランタ‘アマグリス’。「よしむら鉄工所」の鉄のプランターにはヒメモンステラ。

グリーンが映える台は、安定感があって、シンプルなデザインのもの。今回は、端材として販売されていることが多い切り株を使ってみました。大小さまざまなサイズがあれば、同じ高さに並べるよりもリズム感が出て、それぞれのグリーンが引き立ちます。また、動かせる重さなら、日照の変化に合わせて気軽にディスプレイ替えができます。

置く場所は日当たりを考慮して、太陽が好きなフィカスなどのグリーンは窓辺、陰になる場所にはマランタやモンステラ。季節によって日の入り方が変わるので、様子を見ながら位置をローテーションします。鉢はグレーをアクセントカラーにして、ナチュラルな台をシックに引き締めています。

ドライフラワーと飾る

ドライフラワーは乾いた時に生まれた形状や色合いが魅力で、味わいのあるアイテム。花器にラフに入れたり、束ねてスワッグにしたり、置くだけでも存在感があります。部屋にディスプレイスペースを設けてグリーンを飾る時、ドライフラワーと合わせるのも素敵です。

グリーンは要素を絞り、選んだのは、濃い緑色で照りのある葉を持つ大小さまざまな植物。そのグリーンを引き立てるのが、ドライフラワーやみかんの木箱、天然木の花器など、経年変化で風合いが増したアイテムです。フレッシュとドライの対照的な組み合わせは間を取りながら飾るとそれぞれを引き立て、時間の流れを感じさせてくれます。

木箱の上はハオルチア‘玉扇’、中央はリプサリス。右の鉢はドラセナ・デレメンシス‘コンパクタ’、左の鉢はボトルツリー。花器は上が「山川工房」、棚の中央が「森のカケラ」。

上段右から、タイワンアオネカズラ、ハオルチア‘五重の塔’、リプサリス。下段右からマミラリア‘高砂’、ユーフォルビア・ホリダ‘梵天’。

石や鉄と飾る

グリーンのコーナーに好きなオブジェや小物を加えるのも素敵に飾るコツです。集めた鉢の素材が混沌としてしまった時、たとえば、石や鉄などの天然素材のアイテムと一緒に並べてみます。チャーミングなユーフォルビアやサボテンの小鉢、個性的なグリーンを、鉄の箱と合わせたり、石の台にのせたり。木の枝や実なども加えて、小物とグリーンを混在させます。

鉢のテイストやグリーンの種類に統一感がなくても、あえてさまざまな種類が入っていたほうが楽しいコーナーに仕上がります。それは「自身が好きなもの」という共通点があるから。そして、宝物に囲まれたグリーンは、きっとご機嫌に育っていくでしょう。

右はシンゴニウム、左はポトス‘エンジョイ’。マクラメは東京・浅草のグリーンショップ「グリーンライフジャーナル」の商品のほか、体験レッスンで自作したもの。

マクラメと飾る

世界各地で織物の一種として伝わってきたマクラメは、シンプルなひもから作られた模様を楽しむもの。マクラメ・ハンギングは、空間の高さを生かした飾り方ができます。カーテンレールや配線ダクトのレールを使うほか、写真のシャリボクや流木を固定させて吊り下げるとよりナチュラルに。窓際を飾ったり、間仕切りを作ったりすることもできます。

グリーンは垂れるものを中心に、慣れてきたらいろいろなタイプで試してみてください。棚に置く時と違う育ち方や表情を見せてくれるものです。ハンギングは通気性がよいので、水やりの間隔が長いものから始めると気軽に楽しめます。

チランジアを飾る

右から、ハリシー、ウスネオイデス（スパニッシュモス）、ウスネオイデスに引っかけたガーデネリー（上）、‘コットンキャンディ’（下）。子株が伸びたカピタータ、ケースに入った‘コットンキャンディ’、一番左は、ベルゲリ（右2つ）とアンドレアナ（左）。

チランジアは木の幹や岩盤などに根を張って着生する植物。根は発達せず、葉などから水分や養分を吸収するのが特徴です。そんな自生環境にならって、余裕のある空間に吊るして楽しんでみましょう。シルバーリーフのチランジアは、成長すると子株が出てくる個性的な形状。気温が20度以上ある時は軒下や玄関先に飾ることもできます。寒い時期や夏の直射日光が苦手な種類はカーテン越しの屋内に置くのがおすすめです。

販売されているものは手のひらサイズが多く、ハンギングツールも豊富にあって楽しめます。枝のオブジェなどを使い、高さを変えていくつか吊り下げれば、インテリアのポイントになります。

同じグリーンを異なる鉢に植える

お気に入りのグリーンに合う鉢は1つではありません。遊び心をもっていろいろと合わせてみると、思いもよらぬ組み合わせ、新しい発見があります。ここでは、代表的なガジュマルとパキラを例に3種類の鉢に合わせてみました。まず考えることは、根鉢と土が無理なく入るかどうか。そして、グリーンと鉢のフォルムのバランスが取れているか、全体が倒れないくらいの重さがあるか。重心がポイントです。さらに、インテリアと鉢の素材や形、スペースに合わせたボリュームも考えてみましょう。

ミニサイズのガジュマルに

スタンダードな鉢

コニック形の鉢は、このガジュマルのような個性的な樹形も含め、さまざまな樹形にも合わせやすく心強い。この形は複数の鉢を並べても、すっきりとまとまる。

背の高いパキラに

スタンダードなセメント鉢

セメントの鉢は多く販売され、形もさまざま。この鉢は根の太さ、葉の広がりを強調するスタイリッシュな形。下部の模様がパキラの幹に似ていて相性がよく、温かみがある。

自然な形の軽石鉢

自生地をイメージして軽石に植えてみると、まるでそこに生えているような雰囲気に。敷き皿の素材を変えることで印象も変わり、さまざまなインテリアに合わせられる。

ぽってりした浅鉢

丸い鉢にスクエアな皿が和のテイストも感じる組み合わせ。オランダの鉢に植えて。幹の丸みと鉢の丸みを合わせたら、存在感が増してインテリアのポイントとなる鉢植えに。

小さめの鉢カバー

木の鉢はボリュームを感じるので、小さめを合わせてバランスを取る。木は水や土に触れると劣化が早いので鉢カバーとして使い、プラ鉢に入った植物を入れて飾る。

大きめの鉢カバー

葉が大きくボリュームがあるグリーンは、鉢カバーを大きめにして愛らしく飾ることができる。この鉢はファイバーストーン製。やや口がすぼまった形は、グリーンと合わせやすい。

鉢とグリーンの組み合わせ例

鉢と植物の合わせ方のポイントは一体感があるかどうか。
鉢の素材感、グリーンの質感、葉や幹の色合いとの調和。
さあ、いろいろ合わせてみましょう。

質感を合わせる

葉が緑で幹が茶色。一般的に考えると植物は同じ色で区分けされますが、よく見るとツルッとした葉やざらっとした葉、照りのある葉ややわらかい葉など、質感がさまざまです。幹の質感はもっとバリエーションがあるでしょう。ごつごつした幹に網目のあるかご、ツルッとした明るい葉に真っ白な鉢など。葉や幹の質感に鉢の質感を合わせてみると、より統一感が出て馴染みやすくなります。

逆三角形

ひし形

フォルムをつなげる

横に広がる樹形は、鉢に植えた時に逆三角形になるように、一点が高い樹形はひし形になるように、グリーンと鉢のフォルム、全体をつなげて考えます。ただし、その形はほんの一例で、いろいろな鉢を合わせてみると、フォルムの一体感を感じることがあるでしょう。植物だからこそ、成長後の伸び方をイメージすることも大切です。

葉の模様を合わせる

植物の葉は斑入りや葉脈の出方によって模様がさまざま。葉の模様や色合いに合わせて、鉢の模様を組み合わせても楽しいです。もちろん無地のシンプルな鉢はどんな植物にもぴったり合いますが、遊び心のある鉢選びをしてみてはいかがでしょうか。葉と鉢のテイストを合わせることで、個性や魅力が引き立つことも。小さな鉢植えの植物が驚くほど存在感を発揮します。

インテリアと調和する鉢合わせ

代表的な4つのイメージに合わせた鉢合わせをご紹介します。すべてを型にはめなくても、自由な合わせ方でお気に入りのインテリアグリーンを楽しんでください。

シンプルスタイル

すっきりして飾らないシンプルなインテリア。余計な装飾がなく無駄を削ぎ落としたこのスタイルには、色は白やライトグレーで、ストレートな形の鉢が合います。シンプルな色や形はグリーンが引き立ち、部屋の印象も明るくさわやかにしてくれます。

ナチュラルスタイル

白やベージュ、アイボリーを基調にしたナチュラルなインテリアに合う鉢の王道は、テラコッタ（素焼き鉢）とかご。自然素材を生かして作られたアースカラーの鉢はグリーンを引き立て、優しく落ち着いた空間となります。

カジュアルスタイル

型にはまらずに明るく気軽に楽しむカジュアルなインテリア。同居するインテリア小物に合わせて、色や柄の楽しい鉢をセレクトし、飾り方もリズムよくランダムにします。好みの鉢や小物をコレクションして楽しく飾ってみましょう。

モダンスタイル

現代的、都会的なインテリアには、モノトーンの鉢のほか、金属素材の光沢や差し色を入れた鉢合わせがおすすめです。鉢の形はシャープですっきりとしたものにし、グリーンはやや個性的な葉色のものを合わせてもよいでしょう。

寄せ植えを作る

ひと鉢で華やかになる森のようなインテリアグリーンを作ってみましょう。日照環境や水やりのペースが近い種類をまとめると育てやすいです。

用意するもの

- ❶ベンジャミン
- ❷コーヒーノキ
- ❸リュウビンタイ×2株
- ❹クロトン
- ❺フィットニア
- ○流木（マングローブ）
- ○化粧石
- ○鉢（直径30㎝×高さ10㎝）
- ○鉢底ネット
- ○用土（培養土と赤玉土小粒を2対1）
- ○鉢底石（中粒）

作り方

1

鉢穴を覆う大きさの鉢底ネットを鉢底に置く。浅鉢に合わせた鉢底石(中粒)をネットが見えない程度に敷く。

2

培養土と赤玉土小粒を混ぜて用土を作る。苗を入れた時に苗の地際が鉢の縁より下になる位置を見当して敷く。

3

ベンジャミン、リュウビンタイ、クロトンの苗をビニールポットから出す。根をほぐし、枯れた根などを整理する。

4

コーヒーノキとフィットニアを株分けする。分けた両方にしっかりと根があるように注意する。

5

③、④の苗と流木を並べて配置を決める。正面を決めると配置しやすい。石のスペースもイメージしておく。

6

主木のベンジャミン、流木、コーヒーノキを植え込む。鉢の縁から2cmほど下までまんべんなく用土を入れる。

7

根の浅いクロトンとリュウビンタイ、フィットニアを用土で植える。樹木→草ものの順に植えて景色を作る。

8

割り箸や竹串で土を刺し、根の隙間に土をしっかり入れていく。土が入ってくぼんだところに、用土を足す。

9

しっかり土が入ったら、流木が動かないよう土で固定する。たっぷりと水をやり、化粧石を配置する。

育て方

直射日光の当たらない風通しのよい半日向〜半日陰が適所。土の表面が乾いたらたっぷり水をやる。全体にまんべんなく日が当たるように、定期的に向きを変える。

苔玉を作る

生育旺盛なインドアグリーンに苔玉のスタイルは合うようです。水やりの際に葉水もやり、通気性をよくすると、苔とグリーンがすくすく育ちます。

用意するもの

❶ シンゴニウム
❷ 苔（シノブゴケ）
❸ ケト土※
❹ 夢想（石付け盆栽、苔玉などに使われる）、または赤玉土小粒
○ 鉢底ネット
○ ワイヤー
○ 黒い糸（木綿糸がおすすめ）

※【ケト土】湿地や沼地の水底に水辺の植物が堆積し、分解されてできた、粘土質の黒色の土。繊維質を多く含み、保水性に優れ、苔玉に使われる。通気性は劣るので、植物の種類によって、夢想や赤玉土と混ぜるのをおすすめする。

作り方

ケト土と夢想(または赤玉土小粒) を1:1の割合でよく混ぜ、用土を作る。混ぜると粘りが出てひとまとまりになる。

苗の根をほぐし、枯れた根は処分する。植物が慣れている元の土は無理に取らずに、少し残した状態でもよい。

①の用土で②の根の周りを包み込み、丸く形成する。特に地際の部分などに根が出ないように注意する。

③の底面よりひと回り小さいサイズに丸く切った鉢底ネットを用意し、底面に当てる。

きれいな苔が表になるように、側面を苔でまんべんなく覆う。

株元の土の部分は注意して、土がしっかり隠れるように丁寧に苔をつける。

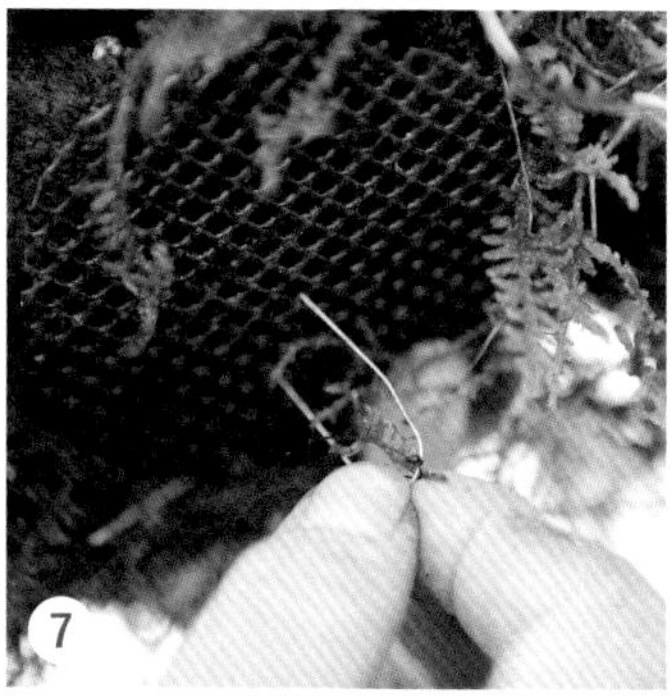

5cm くらいのワイヤーをUの字に曲げて、糸を結びつける。U字のワイヤーを鉢底ネットの中央に刺す。

糸を少し強めにまんべんなく巻いて苔を固定する。なるべく少ない回数で固定するとよい。土が見えてきたら苔を足す。

⑦と同じU字ワイヤーを巻き終わった糸に結びつけて鉢底ネットに刺す。バケツに水を張って数分浸けて、水をやる。

育て方

平らな皿に置いて風通しのよい半日向〜半日陰が適所。苔の表面が乾いたら全体を水に浸ける。夏季にあまりに乾く時は皿に1cm 程度の水を張ってもよい。

鉢の種類と選び方

インテリアグリーンには欠かせない鉢。
素材や形が多様で迷うこともあるでしょう。
気に入ったグリーンに合わせる鉢の選び方のコツをご紹介します。

コニック形

リム付きの鉢カバー。グリーンとの境界でもある縁にデザインが入ることで締まった印象に。持ちやすさも兼ねる。

鉢皿を中に敷いてプラ鉢のグリーンを入れる鉢カバー。水やりの時は鉢から出してたっぷりとやり、水を切ってから元に戻す。

スタンダードなコニック形。受け皿付きの鉢は、鉢と皿が揃っているのでインテリアグリーンに取り入れやすい。

シリンダー形

鉢皿と一体になったデザイン。シリンダー形でも高さが低いとカジュアルな印象。合うグリーンの種類や形状の幅も増える。

三つ足の鉢カバー。足付きの鉢は底が上がっている分スマートに見えるので、個性的だが挑戦しやすい。

セメントに花《か》崗《こう》岩《がん》の石粉や天然の麻素材を混ぜて作られた「Fine Pot+」の鉢。通気性、保水性、排水性がよく、グリーンに優しい。

形で選ぶ

基本的な鉢の寸法は直径と高さが1対1。これが育ちやすい比率です。底に向かって少しすぼまっているコニックは、水はけがよいスタンダードな形。他にも筒形のシリンダーや底が丸まったユーポットなどがあります。鉢には穴あきと穴なしがあり、穴あきの鉢を部屋に置く場合は鉢皿が必要。穴なしはプラ鉢の植物を入れて鉢カバーとして使用します。穴なしの鉢に直植えすると水はけが悪く、上手に育ちません。また穴が小さすぎる場合も水はけが悪くなるため、小鉢でも穴が直径1㎝以上あるものがおすすめです。ここでは、いろいろな形の鉢をご紹介します。

エッグ形

底が広がったエッグ形の鉢は安定感がある。口径がすぼまっている分、動きのあるグリーンやボリュームのあるグリーンによく合う。

ユーポット形

やわらかい印象のU形のポットは、グリーンに合わせやすい。写真のような深型の場合、土が多く入るので、乾燥を好むグリーンは鉢底石を多めに敷き、赤玉土を多めに混ぜて排水性を高める。鉢の形によって水はけの速さも変わる。

スクエア形

四角い鉢はボリュームがあるので、葉数の多いグリーンや葉の大きいグリーンが合う。

浅鉢

横長のレクト形は、グリーンを横並びで植える時に使う。この鉢は石のような質感をもつセメント製。

サークル形の浅鉢。寄せ植えのほか、趣のある木やつるものにも合う。根鉢と鉢の高さを合わせ、水を好む種類はスペース＝土の容量に余裕をもって植える。

山野草に使われることの多い軽石鉢。自然の大地を感じるワイルドな鉢植えとなる。

素材で選ぶ

植物を直に植える鉢は、陶器やテラコッタなどの焼きものが主流。土ものの鉢は水をやった時にほどよく浸透し、通気性や耐久性もあります。室内に植物を置く場合、雨がなく日光による劣化が少ないので、鉢カバーはいろいろな素材から選ぶことができます。遊び心のあるコーディネートでグリーンとのバランスを楽しんでみましょう。

合皮

大鉢は鉢カバーを使うことが多いが、軽くて移動しやすいものの方がよい。合皮は軽い上、インテリアに馴染みやすい。

かご

ナチュラルなインテリアや、シンプルな部屋のポイントに活躍する。湿気に注意し、中に鉢皿を敷いて鉢カバーとして使う。

木

水や土で劣化するので、直植えせずに鉢カバーとして使う。家具を選ぶように木の種類による質感を楽しむ。

ブリキ

錫《すず》で表面処理した鋼板のブリキは耐食性があり、錫の経年変化を楽しめる。ジャンクな印象でグリーンと相性がよい。

テラコッタ

通気性のよいテラコッタはグリーンにとって、とても心地よい。土が乾きやすく、発根を促す。そのため、水を好む植物には水もちのよい土を混ぜ、土の量も確保する。

鉄

真鍮古美メッキ塗装された鉄製の鉢は「よしむら鉄工所」のもの。緑青《ろくしょう》が味わい深い。無垢の鉄は土や水による錆が出て、経年変化を楽しめる。

ガラス

モダンな印象のインドアグリーンにはガラスもおすすめ。鉢皿を中に敷いて鉢カバーとして使う。

プラスチック

プラスチックは軽くて扱いやすいのがメリット。多様な模様があり、ポップで可愛く、カジュアルに飾れる。

3

Chapter

インテリアグリーンの育て方

インテリアとしての要素もあるインドアグリーンは、飾りながら育てる楽しみがある唯一の存在。育てていくことで樹形が変わるのも魅力です。植物の状態に合わせて、場所を移動したり剪定したり。配置やフォルムを考えてお手入れするのは楽しいものです。この章では、グリーンを育てる上ですぐに実践できる基本を紹介します。

Tips for Growing INTERIOR GREEN

インテリアグリーンとは？

インドアグリーンを部屋に飾って楽しむインテリアグリーン。植物は、風通しがよく、秋から春は明るい日の光が入り、夏は直射日光を避けた場所で元気に育ちます。

その中でも、高木は太陽の光を直接受けて育つので、窓際などの日当たりのよい場所を好み、高木の下で育つ植物は、太陽の光を高木に遮られて育つので、直射日光ではなくカーテン越しのやわらかい光を好みます。自然界では、湿気が多い場所でもそよ風が吹き、雨が多く降る土地でも土が適度に水分を吸収して排水します。ですから、部屋の窓を閉めっぱなしにしたり、鉢皿に水を溜めたままにしたりするのはかわいそうです。

要するに部屋を彩るグリーンも、元々は自然界にそれぞれの自生地があり、その環境に近い場所に置くことで生き生きとするのです。自然界の中でも比較的強健な種がインドアグリーンとして流通しています。たくましい植物たちは、環境の変化に適応しようとして室内で育っていきます。「耐陰性がある」というのは、日陰に置いても生きる力が強い、丈夫な植物ということです。自生環境を知り、小さな変化に気付き、育て方のコツをつかむこと。そうすれば、植物は元気に育ち、そこには、楽しいインテリアグリーンライフが訪れます。

以下に、主要なグリーンを育てる上での適切な環境を図にしましたので、参考にしてみてください。

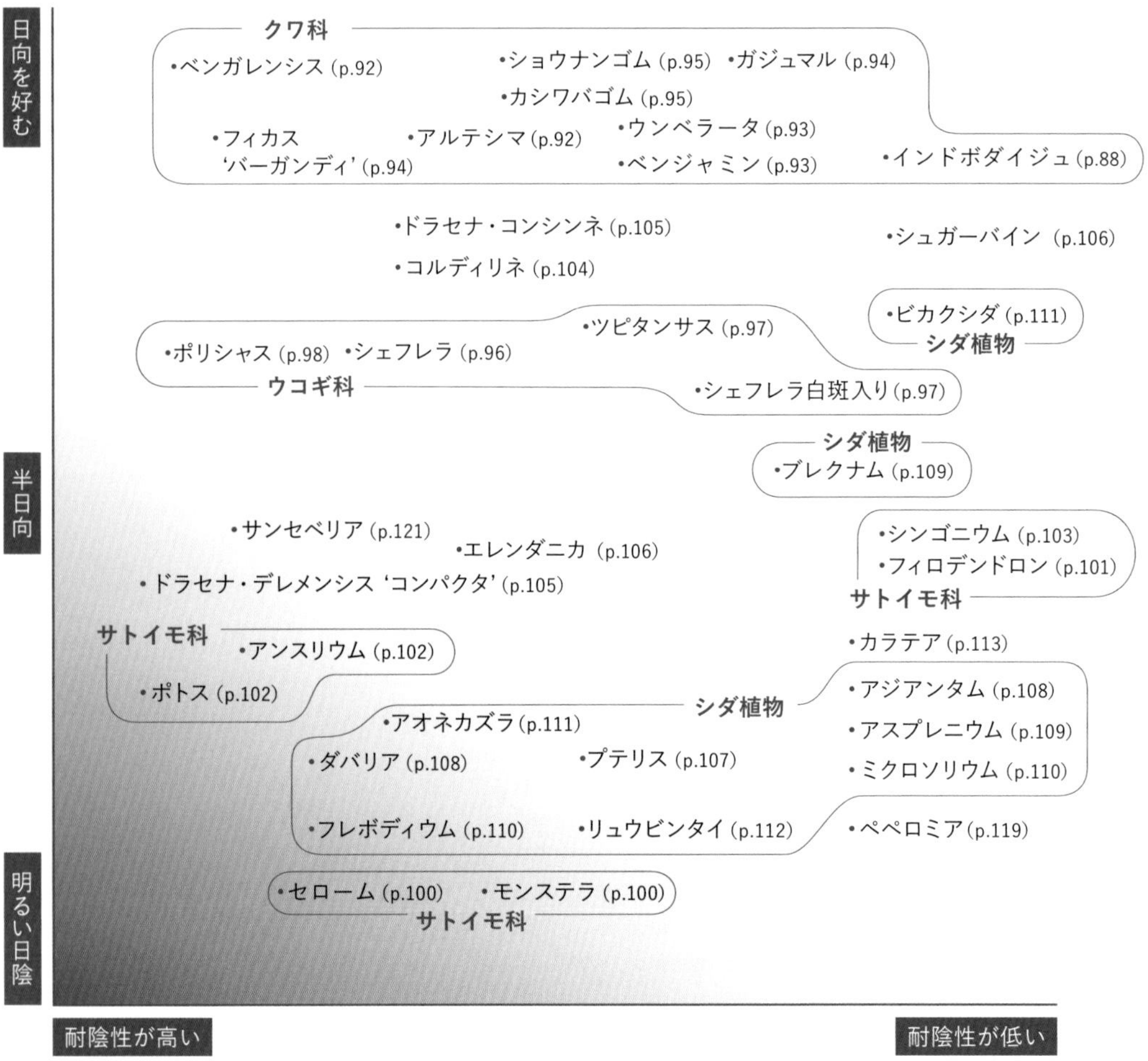

＊上の図は、本書に掲載している植物の中で、主要な科の植物の特性を紹介するものです。
耐陰性が高い種は、日に当たらない環境に比較的順応しやすいですが、耐陰性が低い種は、日に当たらないと短期間で弱ることがあります。

＊斑入りの葉は緑葉よりも強光に弱く耐陰性は低いなど、品種によっても特性は変わりますので、目安としてください。

＊耐陰性があっても、水やりや風通しの環境によっては害虫が発生するなど、健康に育たない場合があるので注意しましょう。

年間の栽培スケジュール

<table>
<tr><th></th><th>1月</th><th>2月</th><th>3月</th><th>4月</th><th>5月</th><th>6月</th><th>7月</th><th>8月</th><th>9月</th><th>10月</th><th>11月</th><th>12月</th></tr>
<tr><td>生育状態</td><td colspan="3">休眠期</td><td colspan="7">生育期</td><td colspan="2">休眠期</td></tr>
<tr><td>剪定</td><td></td><td></td><td colspan="5">■</td><td></td><td>■</td><td></td><td></td><td></td></tr>
<tr><td>植え替え</td><td></td><td></td><td colspan="5">■</td><td></td><td>■</td><td></td><td></td><td></td></tr>
<tr><td rowspan="2">施肥</td><td></td><td></td><td colspan="3">置き肥</td><td></td><td></td><td></td><td>置き肥</td><td></td><td></td><td></td></tr>
<tr><td></td><td></td><td colspan="7">液肥</td><td></td><td></td><td></td></tr>
<tr><td rowspan="2">注意点</td><td colspan="2">寒さ / 乾燥</td><td></td><td></td><td></td><td></td><td colspan="3">直射日光 / 通風確保</td><td colspan="3">寒さ / 乾燥</td></tr>
<tr><td></td><td></td><td colspan="7">害虫</td><td></td><td></td><td></td></tr>
</table>

日照について

インテリアグリーンが好む、「夏の直射日光を避けたレースのカーテン越しの場所」とはどんな場所でしょうか。建物の外にスペースがあって窓がある場合、窓から1mほど離れた室内までは「明るい場所」。それより遠い場所、またすぐ近くに建物がある場合は窓際も日陰のことが多く、植物の生育が難しくなります。照明をつけずに日中生活できる環境であれば、「明るい場所」となります。1階よりも2階以上の方が、明るい場所は多いようです。秋から春の直射日光は問題ありませんが、初夏から夏の強い直射日光は、葉が傷むためレースのカーテンやブラインドで和らげます。

水やりについて

水やりは土の表面が乾いたら、鉢底から出るまでたっぷりとやります。「こまめに少しずつ」ではなく、「乾いたらたっぷりと」。水をやるとウォータースペースに水が溜まり、それが鉢底から出てくるのを3回繰り返すのが目安。土にしっかりと水がしみていくように「土の容量と同じだけやる」と覚えておくとよいでしょう。

そして、受け皿に溜まった水は、蒸れの原因になるので必ず捨てましょう。水を好む植物は乾き始めたら早めに、乾燥を好む植物は遅めに。水を欲すると多肉植物は葉にしわが寄り、サトイモ科やシダ類は時に葉が垂れます。極端に水切れを起こすと、枝先を枯らして身を守ろうとします。日当たりが悪い場所に置いているか、こまめに少しずつしか水をやっていないと、土の表面が乾いていても土の中は湿っていることがあります。土の表面を手で触って、土の乾きを見ながら適度な水やりのタイミングをつかむことが大切です。

土について

土は排水性と通気性、保水性のバランスがよいものが理想。水もちがよく栄養バランスの取れた市販の培養土（または観葉植物の土）に、排水性と通気性に富む赤玉土を混ぜるとよいでしょう。基本の配合は、培養土と赤玉土小粒が2対1で、乾燥や排水性を好むものは赤玉土を多めに、水切れに弱いものは少なめにします。土が乾きすぎるようであれば培養土を多めにし、日当たりが悪い場所であれば土が早く乾くように赤玉土を多めにするなど、育てる環境や健康状態によって調整します。乾燥ぎみにすると根が育ち、丈夫になります。水はけをよくするために鉢に合わせたサイズの鉢底石を敷きます。

❶ 培養土　❷ 赤玉土　❸ 鉢底石

道具について

初めてインテリアグリーンを育てる時に、揃えておくと便利な道具。選び方や用途もご紹介します。

霧吹き

室内では雨や露がない分、葉水をして空中湿度を保つことも大切。害虫予防にもなる。ペットボトルに装着するタイプ（右）も手軽。

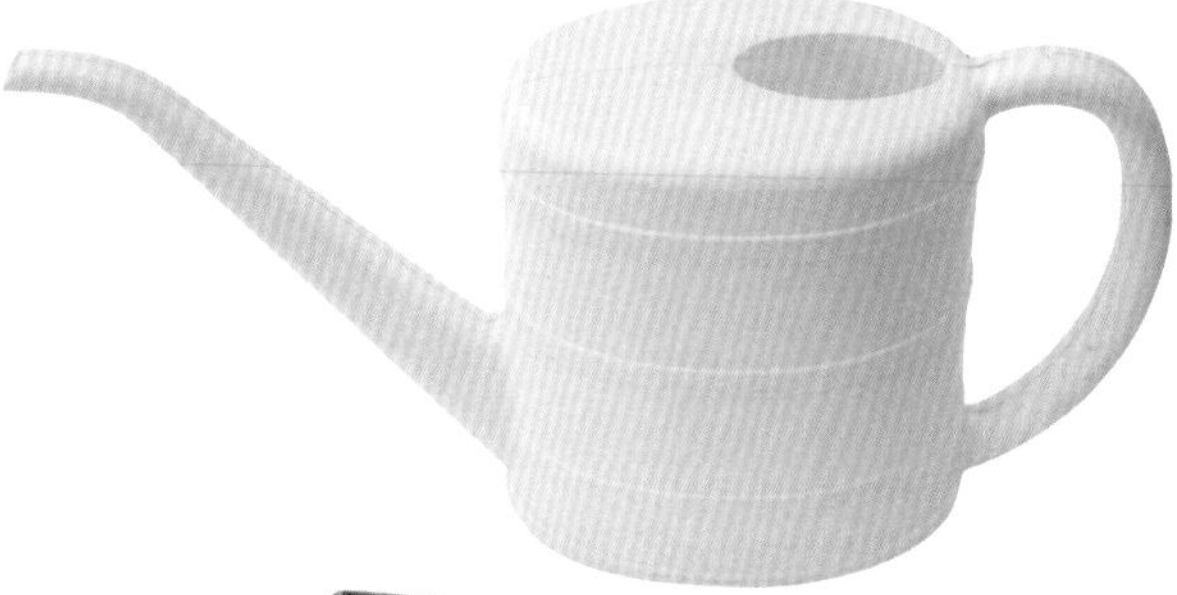

じょうろ

小鉢用は小さめで先が細いものが水を注ぎやすく、大鉢用は1ℓくらい入るシャワータイプのものがおすすめ。

グローブ

土を扱う作業の時にあると鉢などを汚さず便利。樹液などから手を守る目的も。

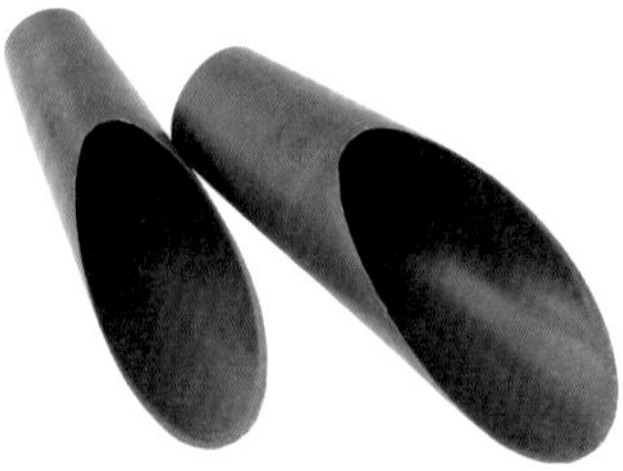

土入れ

土を入れる時にこぼれづらく使いやすい。大きさもいくつかあり、鉢のサイズに合わせて使い分ける。

鉢皿

鉢カバーの中や、鉢の下に敷いて使う。部屋で水やりをする時に、大きめのものを予備として用意しておくと便利。

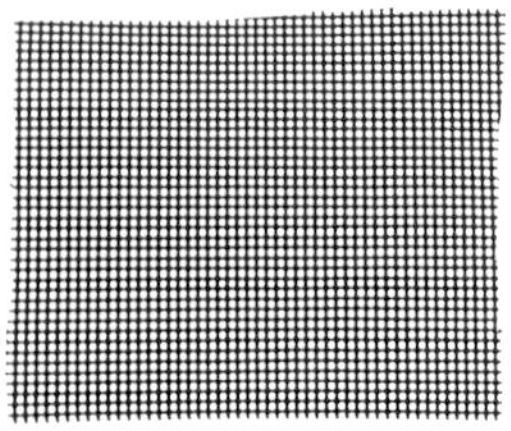

鉢底ネット

鉢底穴に敷いて使用する。穴から土がこぼれたり、虫が入ったりするのを防ぐ。防虫ネットとも呼ばれる。

のこぎり

はさみで切れない太さの枝や幹を切る時に使用する。

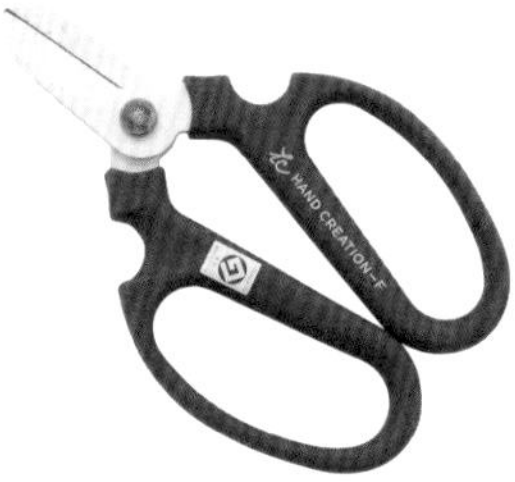

剪定ばさみ

さまざまなタイプがあるが、手のサイズに合うもの、使いやすいものを使用する。

麻ひも

天然素材なので幹や葉を傷めづらい。支柱を固定するなど幅広く使用できる。

フェルトシート

床や家具の傷防止に、鉢カバーや鉢皿の裏に貼る。大鉢や中鉢は貼ってあると気軽に動かしやすい。

麻布

幹に支柱などが当たらないように保護するほか、大鉢や中鉢の土を覆うカバーとして使用する。プラ鉢も隠せて見た目もよい。

肥料と活力素について

肥料は新芽が動き出す３月下旬頃から、18度以上になったら与えます。植物の健康維持のため、調子の悪い時や植え替え直後、真冬の施肥は避け、規定量を守りましょう。

固形肥料は緩効性があって効果が持続し、液体肥料は速効性があります。液体肥料は水に混ぜて与えるものが多く、春から秋まで月に一度程度与えます。固形肥料は化学肥料と有機肥料があり、年に１～２回程度、根の負担にならないように鉢の一番外側に適量を置いて、ゆっくりと効かせます。

活力素は植物の発根を促し、植物に活力を与え、丈夫に育てられます。弱った株にも使用できるので、元気がない時の活力アップに役立ちます。

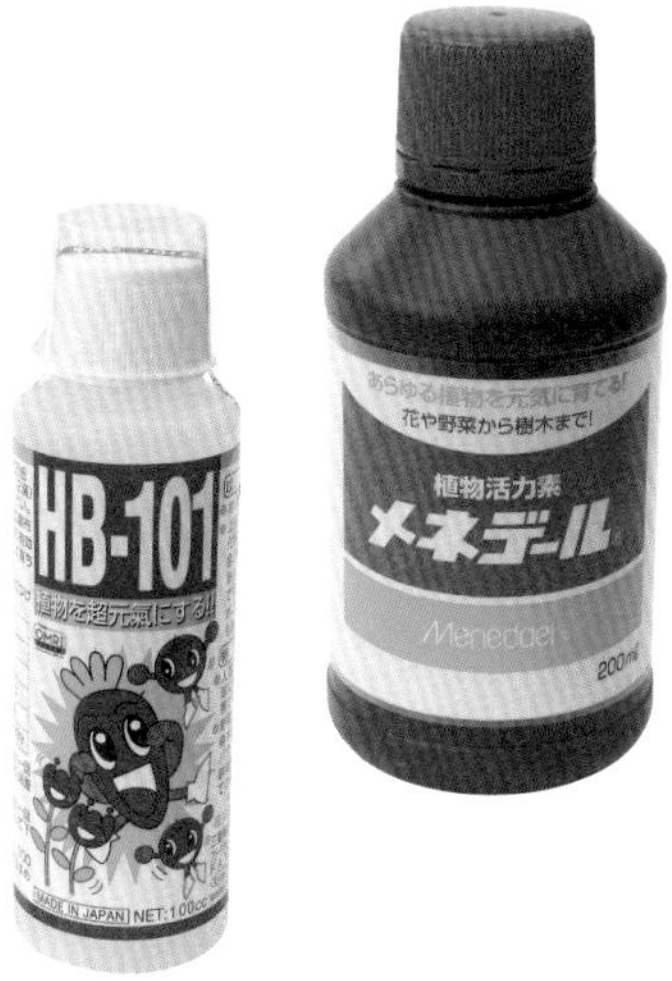

おすすめの活力素。イオンの力で発根を促す「メネデール®」。天然植物エキスを抽出精製した「HB-101」は抗菌・防虫効果もある。

害虫について

葉が乾燥して日当たりも悪く、根が加湿になると、害虫が発生することがあります。新芽や葉の裏側が黄色くなって落ちる場合は注意して観察しましょう。

スプレータイプが家庭では使いやすい。カイガラムシは専用の殺虫剤を、そのほかに全般的な殺虫、殺菌剤が１本あると便利。

ハダニ

葉裏に寄生して栄養を吸うハダニは種類が多い。ハダニがつくと葉に白い斑点やかすり傷がつき、葉の養分を吸う。水をきらうので、葉水で予防を。

カイガラムシ

カイガラムシは白い綿状の分泌物で覆われており、排泄物は白くてベタベタしているのが特徴。すす病の原因にもなるので早めに除去すること。

支柱

幹を支えるために使用する。大鉢や中鉢の植え替えの際、根の隙間に土を入れるために竹串や割り箸の代わりに使う。

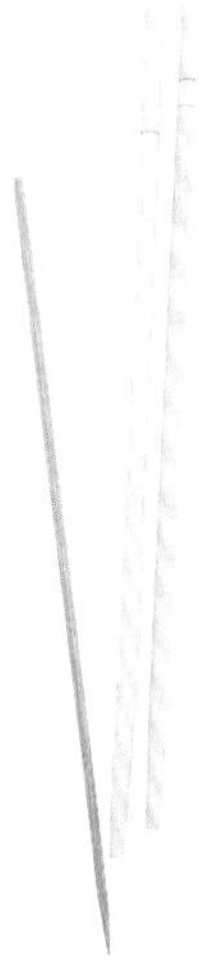

竹串、割り箸

小鉢の植え替えの際、根の隙間に土を入れるために使用する（p.89参照）。小鉢の幹を支えるために支柱として使用する。

剪定について

数本だけ勢いよく枝が伸びてしまったシェフレラ‘グランディス’。強い枝が極端に伸びると他の枝に栄養が行き渡りづらくなるので、剪定して樹勢を整え、風通しをよくした。

剪定の目的は、風通しをよくして害虫を発生させにくくすること。また、樹勢のバランスを整えて成長を促し、健康を保つために行います。生育が旺盛なインドアグリーンは、1年に1回程度、剪定する必要があります。鉢植えで育てている場合、強い枝に養分が行きやすくなり、日陰の枝など貧弱な枝が出てしまうので、樹形を見ながら以下のように剪定します。

●切り戻し剪定…長く伸びる枝を葉のついた節の上で切り、枝数を増やして樹勢を整える。

●枝透かし剪定…初夏に一斉に吹く芽の数を2~3本に減らして風通しをよくする。

●切り替え剪定…同じ枝から出た長い枝を切り、短い枝に切り替えて樹冠を小さくする。

一度に多量の剪定は樹形が乱れる原因になるため、1年の剪定量は全体の4分の1程度に抑えます。どこを伸ばすかをゆっくり観察しながら、剪定する場所を決めましょう。

日の当たる方に1本だけ勢いのある枝が伸びてしまったインドボダイジュ。剪定後、その節から芽が出てコンパクトに。

株分けについて

鉢植えの草ものの場合、根が詰まって水はけが悪くなるか、土が盛り上がっていかにも窮屈そうになったら株分けをしましょう。気温が 18 ～ 25 度くらいの時期で、分けたそれぞれの株にしっかり根がついていることを確認して分けます。根が分かれない時は延期しましょう。

フィットニアの株分け。株分け後はすぐに、それぞれの根のひと回り大きな鉢に植えること。

植え替えについて

水はけが悪くなったり、根が張って鉢底穴から根が出てきたりしたら、根が酸素不足になる前にひと回り大きな鉢に植え替えます。鉢を大きくしたくない場合は根を整理して同じ鉢に戻してもよいです。適期は4〜9月頃。極端に暑い日を避けた、気温が18〜25度程度の時期がよいでしょう。

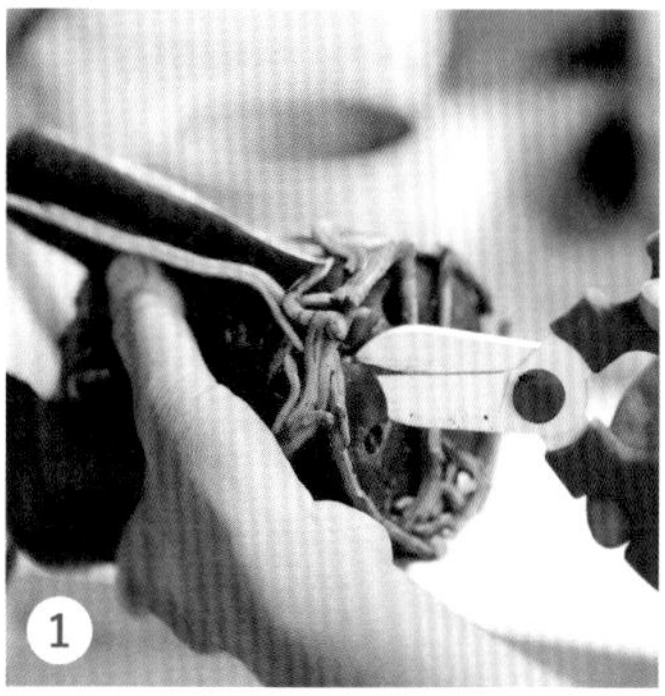

1

ビニールポットのまま長く育てた苗をポットから外す。根が回っている場合は、ポットをはさみで切る。

2

古い土と枯れた根を落として軽くほぐし、根が固まって張っていたら、はさみで根鉢に縦に切れ込みを入れる。

3

根がとぐろを巻いていることもあるので、土をほぐしながら整理する。中心の直根は切らないように。

4

鉢底ネットを鉢の穴を覆う大きさに切って鉢穴の上に置く。鉢のサイズに合わせた鉢底石（中粒）を薄く敷く。

5

培養土と赤玉土小粒を2：1の割合で混ぜ、苗を入れた時に地際が鉢の縁より下になる位置を見当して入れる。

6

③の苗を鉢に入れる。

7

苗と鉢の中心を合わせて苗の周囲の隙間に用土を入れる。小鉢の場合は、スプーンなどを使用する。

8

根の隙間に土がまんべんなく入るまで、割り箸や竹串などを縦に刺し、土を行き渡らせる。

9

土の容量と同じくらい、たっぷりと水をやる。土が沈む場合は土を足すこと。しばらく明るい日陰で養生する。

よくある質問

植物の具合が悪くなった時の対処法

葉が落ちるのですがなぜでしょう？

Ⓐ 次の4つの理由が考えられます。
① 水切れの場合、枝先から葉が落ちます。
② 水やりが多い場合、根に近い枝元から葉が落ちます。鉢の下に水が溜まっている場合は、水を取り除いてください。土の表面がしっかり乾いたらたっぷり水やりをしてください。
③ 害虫の影響の場合もあります。葉の裏に害虫がいないか確認します。害虫の発生は、エアコンなどによる葉の乾燥や通気不足が原因です。殺虫剤を散布し、霧吹きをまめに行うとよいです。
④ 枝元に近い下葉が落ち、その枝から新芽が出ている場合は、自然な排泄作業です。あまりに下葉が落ちる時は枝先を短めに切り戻します。

葉が黄色くなってしまいました。何が原因ですか？

Ⓐ 害虫がいないか、水切れや水のやりすぎはないか、日照不足や根詰まりはないかを確認し、置き場所や水やりの頻度を見直しましょう。根詰まり、栄養不足の場合は植え替えをしましょう。

床がベタベタしますが、なぜですか？

Ⓐ 害虫がついている可能性が高いです。害虫を取り除き、殺虫剤や殺菌剤を散布しましょう。早期発見と予防をして、霧吹きで葉水も効果的です。

元気がないので植え替えしてもよいですか？

Ⓐ 元気がない時は延期しましょう。まずは日照、通風などを改善し、活力素で元気を回復。新芽が動き、安定したら植え替えます。

枝や葉が伸びて、買った時と違う形状になってしまいました。元に戻りますか？

Ⓐ 今の状態が、本来の自然な樹形になっています。横に広がって育つもの、ほふくして育つものなど、植物の特性を観察して育てましょう。

旅行の時はどうしたらよいでしょうか？

Ⓐ 通常、1週間に1回くらいの水やりのペースでしたら、それ以内の旅行は問題ありません。真夏の閉めきった室内に置いたままで出かけるのは過酷なため、夏季は強光を避けられる屋外の風通しのよい場所に置くとよいでしょう。

4

Chapter

インテリアグリーン カタログ

最後の章では、現在、流通していて人気のあるインテリアグリーンを紹介します。フィカス（ゴムノキ）やシェフレラ、サトイモ科の植物、シダ類は、サイズも品種もさまざま。ユーフォルビアやサボテン、ハオルチアなど、見た目が愛らしい多肉植物は小鉢が豊富。日当たりや水やりのポイントなどを参考にして、好みのグリーンを探してみましょう。

Catalog
of
INTERIOR
GREEN

根元の分岐を自然に伸ばした株。広がる樹形に合わせて、下がすぼまるコニック形の鉢に植えた。広がる枝が強調されてのびやか。

ベンガレンシス

学名	*Ficus benghalensis*
科名・属名	クワ科・フィカス属
原産地	インド、スリランカ
日当たり	日向　半日向　明るい日陰
水やり	好む　普通　乾燥ぎみ

熱帯では気根が垂れ下がって根を張り、自生地では高さ30mほどにもなります。その強い生命力より、インドでは永遠の生命を表す神聖な木とされています。白い幹に卵形の葉が特徴で、幹のやわらかさを生かした「曲がり」の樹形や自然に伸ばした「自然樹形」など多様。剪定で樹形がまとまりやすいので、狭小スペースに合わせてコンパクトにしても。

育て方のポイント

日当たりと風通しのよい室内が理想ですが、多少の耐陰性、耐寒性があります。5月頃に新芽が出ない場合は日照不足。軟弱になるので明るい場所へ移動しましょう。土の表面がしっかり乾いたらたっぷりと水やりを。やりすぎない方が丈夫に育ちます。

背丈ほどの大きさのトピアリーのような愛嬌のある仕立ては、かごと合わせると可愛らしい。周囲に余裕をもたせて飾るとよい。

アルテシマ

学名	*Ficus altissima*
科名・属名	クワ科・フィカス属
原産地	インド、タイ
日当たり	日向　半日向　明るい日陰
水やり	好む　普通　乾燥ぎみ

白を基調としたナチュラルなインテリアやシンプルな部屋では、大きな葉は存在感を発揮します。茶色い幹に明るいグリーンの葉は、癖がなく飽きません。斑入り種のほかに、緑の葉の品種も流通。幹の色合いや質感がソフトな印象で、しなやかな樹形が多いのもアルテシマの特徴です。

育て方のポイント

日当たりと風通しのよい室内が理想。日照不足になると、葉色が悪くなり、葉の縁が茶色くなります。その後、落葉、害虫が発生するので早めに日当たりの調整を。急に強光に当てると葉が傷むので、徐々に移動しましょう。ベンガレンシスと比べて日照不足に弱いので、やや日向に置きましょう。

ウンベラータ

学名	*Ficus umbellata*
科名・属名	クワ科・フィカス属
原産地	アフリカ西部
日当たり	日向　半日向　明るい日陰
水やり	好む　普通　乾燥ぎみ

ピンク色の新芽が膨らみ大きな葉が広がる愛らしい木。ラテン語の umbella（傘）が由来のやわらかい幹と大きな葉は、明るい色の鉢と合わせてナチュラルテイストやシンプルな空間に。年数を経た木は、重厚な雰囲気のインテリアにもよく合います。

育て方のポイント

夏の直射日光は避けて、室内の明るい場所に置くのがポイント。日照不足になると害虫がつきやすく、葉が黄色くなって落ちたり、葉の緑が茶色くなったりして、新芽が出ないでしょう。また、半日陰から急に強光に当てると葉焼けを起こすので注意。フィカス（ゴムノキ）は剪定の際、切り口からゴムノキ特有の白い樹液が出るので拭き取ります。

太陽に向かって葉を広げる。葉の色や大きさで健康状態がよくわかり、明るい場所では、ご機嫌に芽がぐんぐん育っていく。

ベンジャミン

学名	*Ficus benjamina*
科名・属名	クワ科・フィカス属
原産地	中国南部～東南アジア
日当たり	日向　半日向　明るい日陰
水やり	好む　普通　乾燥ぎみ

華奢な幹から気根が出て、葉は茂ると枝は重さで垂れ下がります。光沢のある葉が風に揺れる姿が魅力。また、枝を短めに刈り込むと幹の立ち姿が映えて美しい。新芽が吹きやすく分岐して密生するので、空間に合わせたサイズに仕立ててみましょう。葉色が明るい緑や深緑、斑入り種など品種も多く流通。

育て方のポイント

急な移動の後、葉が落ち始めることも。葉が落ちる時、まずは葉や枝に害虫がついていないか、水切れはしていないか確認しましょう。害虫がいない場合は、落葉は環境に適応しようとしている姿。日照不足、水やりの量や頻度、風通しの確保について見直し、新芽が出る場所を見つけてみて。

3・5寸のプラ鉢に入った苗はサイズ違いの鉢に入れて。お気に入りのインテリア小物と一緒に飾ると、遊び心があり心地よい。

ガジュマル

学名	*Ficus microcarpa*		
科名・属名	クワ科・フィカス属		
原産地	東南アジア〜沖縄		
日当たり	日向	半日向	明るい日陰
水やり	好む	普通	乾燥ぎみ

自生地では、幹から無数の気根が伸びるのが特徴。他の木の上でも発芽する生命力で、樹木の精霊が宿るとして親しまれています。大鉢から小鉢まで、幹が太いものから細くしなやかなものまで、数多く流通。写真は丸葉のパンダガジュマルですが、一般的なガジュマルは、葉が細長く楕円形です。

丸葉のパンダガジュマルは、葉が密生しているので、樹形と葉のバランスが面白い。どっしりした鉢を合わせ、落ち着いた存在感。

育て方のポイント

日照があり風通しのよい場所を好みます。日当たりが悪いと葉の色や艶が悪くなり、落葉します。早めに日当たりのよい場所に移動しましょう。水やりは表面の土が乾いたらたっぷり。水はけが悪くなったら植え替えの目安です。一般的なガジュマルは徒長枝が出やすいので、生育期に切り戻します。

フィカス 'バーガンディ'

学名	*Ficus elastica*		
科名・属名	クワ科・フィカス属		
原産地	インド、ミャンマー		
日当たり	日向	半日向	明るい日陰
水やり	好む	普通	乾燥ぎみ

葉は楕円形で厚く、光沢があります。インドゴムノキとして流通するエラスティカの中でも、葉が赤黒味を帯びる写真の種は'バーガンディ'と呼ばれ、太陽光の下でより色が濃く冴えます。枝の動きがある樹形はワイルドで、落ち着いたインテリアに葉の色みがプラスされ、スタイリッシュに見せます。

幹が細いと葉の重みで垂れ下がるので剪定で調整する。幹が太く安定するまでは支柱を使用するとよい。1年に1回は支柱を結び直す。

育て方のポイント

日照不足の場合、土が湿った状態が続くと葉の艶がなくなり、葉の縁が茶色くなって枯れてきます。多少の耐陰性はありますが、土の乾き具合を見ながら、土の表面が乾いたらたっぷりと水やりをしましょう。強健で、置き場所の融通がきく品種。新芽が育たない場合は日照不足のサインです。

カシワバゴム

学名	*Ficus lyrata*		
科名・属名	クワ科・フィカス属		
原産地	熱帯アフリカ		
日当たり	日向	半日向	明るい日陰
水やり	好む	普通	乾燥ぎみ

葉の形状がカシワの葉に似ていることに由来。葉と幹に流れがあるため、のびやかな樹形に仕立てることができます。写真の小型種‘バンビーノ’は小さめの葉が特徴。カシワバゴムは葉が30cmほどになるのに対して、イタリア語で赤ちゃんを意味するバンビーノは20cm程度で小鉢、中鉢が流通。

育て方のポイント

水やりは土の表面が乾いたらたっぷり。他の種に比べて水切れの時に葉の表情を変えず、急に枝先から葉が落ちることがあるので注意しましょう。葉が傷むので、夏季の置き場所は直射日光を避けた明るい場所がベスト。新芽が出ないような日当たりの悪い場所だと、ハダニやカイガラムシが発生します。

立ち姿が美しい株。植物のラインを強調する鉢の形とサイズで心地よいバランスに。鉢は小さめなので水切れに注意する。

ショウナンゴム

学名	*Ficus binnendykii*		
科名・属名	クワ科・フィカス属		
原産地	熱帯アジア〜ポリネシア		
日当たり	日向	半日向	明るい日陰
水やり	好む	普通	乾燥ぎみ

枝垂れる姿が風を感じる美しい樹形が魅力。葉は細長く、幹は茶色に白い斑点があり、ワイルドで自然な樹木の雰囲気があります。シンガポールが原産で、新芽が赤い改良種の‘アムステルダム’も流通しています。

育て方のポイント

日当たりのよい場所が適所。フィカスの中では日照不足に弱く、葉が徒長(間延び)したり、艶が悪くなったりして、徐々に落葉します。復活に時間がかかるので、早めに日照を確保しましょう。また、日照不足は害虫の発生の原因となります。水やりは表面の土が乾いたらたっぷりとやりましょう。空気が乾燥する季節は葉水も効果的です。

枝垂れた枝を安定感のあるアジア風の鉢に合わせて。アースカラーのベージュが葉色を引き立て、よく馴染む。

癖のない葉形でインテリアに合わせやすいのも魅力。やや広がりぎみに葉が育つので、空間に余裕のある場所がのびのびして心地よい。

シェフレラ・アルボリコラ

学名	*Schefflera arboricola*
科名・属名	ウコギ科・シェフレラ属
原産地	中国南部、台湾
日当たり	日向　半日向　明るい日陰
水やり	好む　普通　乾燥ぎみ

新芽が赤ちゃんの手のようで可愛らしい。一般的にシェフレラというとシェフレラ・アルボリコラを指します。幹がやわらかく成長が早いので、流通している樹形もさまざま。好みの雰囲気の樹形を選ぶことができ、葉がよく茂るので、育てながらスペースに合わせて剪定し、適度な形に仕立てられます。

育て方のポイント

強健で生育旺盛、初心者でも育てやすい。日当たりや風通しが悪いと、ハダニがついて株が軟弱になり、落葉、枝枯れするので、早期発見して置き場所を見直します。日照が足りない場合は、水やりは表面の土が乾いてからにしましょう。耐寒性がある方ですが、葉が傷む前に移動します。

分岐した枝がひし形に育った株は、底がすぼまった鉢に合わせて軽快に。癖のない木はシンプルな鉢にも個性的な鉢にも合う。

シェフレラ‘グランディス’

学名	*Schefflera arboricola*
科名・属名	ウコギ科・シェフレラ属
原産地	中国南部、台湾
日当たり	日向　半日向　明るい日陰
水やり	好む　普通　乾燥ぎみ

アルボリコラの一種で、波打つ大きな丸い葉と、華奢な茎から気根を出す姿が特徴。シェフレラは和名で「ヤドリフカノキ（宿り鱶の木）」と呼ばれ、熱帯では他の木に寄りかかって高く伸びる姿が見られます。枝を刈り込んだ仕立てや、自然樹形の仕立てなど、さまざまな樹形が楽しめます。

育て方のポイント

シェフレラ・アルボリコラに準じます。日照不足、風通しが悪いとハダニが発生するので、その場合は、土の表面が乾いてからたっぷり水やりを。やや間隔を空けぎみにするとよく、葉水は生育に効果的です。生育期の5～9月頃、徒長枝が出たら樹形を見ながら適度に剪定するとよいでしょう。

シェフレラ白斑入り

学名	*Schefflera arboricola*
科名・属名	ウコギ科・シェフレラ属
原産地	中国南部、台湾
日当たり	日向　半日向　明るい日陰
水やり	好む　普通　乾燥ぎみ

葉が丸みを帯び、葉柄が短く葉が広めのシェフレラ‘ホンコン’は、アルボリコラの品種の中でも一般的。写真はホンコンの白斑入りの品種で、黄斑も流通しています。緑にランダムに入る斑で部屋の雰囲気が明るくなります。斑入り種はやや難易度が高くなる中、こちらは強健なので挑戦しやすいです。

育て方のポイント

日照不足、風通し不足に注意。葉の色が美しく艶が出ると健康な印です。真夏は緑葉よりやや遮光を意識して。どのシェフレラも花芽がつくと樹勢が落ちて害虫がつきやすいので注意します。葉の健康を保つため、花芽を摘むこともひとつの手段。健康が保てる時は、ぜひ可愛い花を観賞してください。

優しい印象の白斑の葉には、白くて丸い鉢を合わせて。シンプルな部屋でもさりげない存在感。大鉢は成長が安定していて育てやすい。

ツピタンサス

学名	*Schefflera pueckleri*
科名・属名	ウコギ科・シェフレラ属
原産地	インド、マレー半島、熱帯アジア
日当たり	日向　半日向　明るい日陰
水やり	好む　普通　乾燥ぎみ

成長が早く、幹が曲がりやすく太くなるため、力強くユニークな樹形のものが豊富に流通します。シェフレラ属ですが、葉は緑が濃くて大きく、やわらかい。ダイナミックさを生かして空間に余裕をもって飾ると、ラグジュアリーなインテリアグリーンに。

育て方のポイント

日当たりのよい室内が理想。夏季は直射日光を避け、レースのカーテン越しの光が葉をきれいに保つコツです。日陰に置いて水をやりすぎると徒長が見られ、軟弱になり、害虫の発生や根腐れを起こしやすいので注意。長期間、日陰に置くのはおすすめしません。新芽が出ないようなら移動しましょう。根が育っている場合は多少耐寒性があります。

スタンダードな中鉢タイプ。適度な日照と水やりで締まった株になる。葉の色が艶のある濃い緑になるのが、適所の目印。

幹が太く仕立てられたフルティコーサは、幹の模様に合わせたセメントの鉢に。葉が茂る分、脇芽を整理して地際はすっきりと。

ポリシャス

学名	*Polyscias*
科名・属名	ウコギ科・ポリシャス属
原産地	熱帯アジア、ポリネシア
日当たり	日向　半日向　明るい日陰
水やり	好む　普通　乾燥ぎみ

ギリシャ語で「多くの影」を意味するポリシャスは、繊細な切れ込みの入った葉がこんもりと密生し、部屋の中で小さな森を感じます。熱帯アジアに80種ほどあり、葉の形はそれぞれ特徴的。ウコギ科の特徴で、葉や幹に芳香があります。

育て方のポイント

やや寒さに弱いので、冬は12度以上の暖かい場所がおすすめ。日照に適応した葉が出る性質で、新芽が出る時に古葉を落とすことがありますが、土の表面がしっかり乾いてから水をやり続けると新芽が出るでしょう。春から秋は日向で樹勢が強いと、よく水を吸います。成長が遅く、枝がしなるのが特徴。葉の重みで枝垂れる場合は剪定をします。

テラコッタに施された塗装が経年変化で剥がれた様子と、パキラのこなれ感が好相性。実生のパキラは成長が遅く、丈夫で育てやすい。

パキラ

学名	*Pachira*
科名・属名	アオイ科・パキラ属
原産地	メキシコ〜中央アメリカ
日当たり	日向　半日向　明るい日陰
水やり	好む　普通　乾燥ぎみ

丈夫で育てやすいことで親しまれているパキラ。成長が早く、脇芽が出やすいので幹を太くしたり、曲げたりとさまざまな樹形に仕立てられます。すっと伸びた木や、幹が太い木など多様で、幅広いインテリアに馴染みます。病害虫に強く、乾燥や剪定にも強く、耐陰性・耐寒性があるので育てやすいです。

育て方のポイント

葉が薄く焼けやすいので、特に夏の強光に当てると葉が傷みます。レースのカーテンなどで遮光できる場所が適所。幹に水を溜める性質のため、通常より水やりの間隔は長め。土の表面がしっかり乾いたら水やりしましょう。高木のため生育期に急に背が伸びることもあり、ほどよく剪定をします。

エバーフレッシュ

学名	*Cojoba arborea*
科名・属名	マメ科・コジョバ属
原産地	メキシコ〜南米
日当たり	日向　半日向　明るい日陰
水やり	好む　普通　乾燥ぎみ

日中は葉を広げ、日が落ちる頃に閉じる葉が特徴。高木で繊細な葉を持つ優しげな姿に癒やされます。マメ科の特徴であるポンポン形の黄色い花に赤いさや、黒い実。表情の豊かさが魅力的ながら癖のない枝葉は、多様なインテリアに合わせやすいです。

育て方のポイント

日当たりを好みます。日照不足や風通しが悪く、葉が乾燥するとカイガラムシが発生することがありますが、風通しと空中湿度を高めると改善されます。鉢皿に水を溜めたままなどの蒸れにも敏感。生育期は水をたっぷり与え、風通しをよくすることがポイント。環境に慣れると、半日陰でも新芽が出ることがあります。環境に慣れた後は順調に育っていきます。

10年ほど同じ鉢で育て、途中植え替えをした株。若いうちから剪定を繰り返すことで、幹が徐々に太くなり、枝の伸び方も緩やかに。

コーヒーノキ

学名	*Coffea arabica*
科名・属名	アカネ科・コーヒーノキ属
原産地	アフリカ
日当たり	日向　半日向　明るい日陰
水やり	好む　普通　乾燥ぎみ

照りのある大きな葉が特徴で、ひときわ瑞々しい。枝の節に白い小さな花が集まるように咲き、甘い芳香があります。花が咲き終わると緑の実がつき始め、次第に赤く熟します。小鉢から中鉢が流通し、中鉢は実のついた株も出回っています。

育て方のポイント

5〜9月の生育期は、実がついた株は特に水をよく吸うので水切れに注意します。寒さと強光、日照不足で葉が傷むので、原因を見極めて対処するとよいでしょう。気温は15度以上を保ち、レースのカーテン越しの明るい場所が適所。基本的に日照が好きで、日の当たる面が茂ることもあり、数か月に1回程度回転させると、木のバランスが取れます。

照りのある葉色は、マットな質感の鉢に映え、小株の初々しさを引き立てる。「Fine Pot+」のオリジナル素焼鉢に。

小型種のアダンソニー。羽状の切れ込みが左右非対称で幼葉には切れ込みが入らない。モンステラの葉形と似た鉢は抜群の相性。

モンステラ

学名	*Monstera*		
科名・属名	サトイモ科・モンステラ属		
原産地	熱帯アメリカ		
日当たり	日向	半日向	明るい日陰
水やり	好む	普通	乾燥ぎみ

切れ目が入った大きな葉が特徴で、存在感がある種。モンステラの名はラテン語の「怪物」に由来し、不思議な魅力を放ちます。力強く伸びた葉の様子、幹のうねり方、気根の出方など、樹形の面白さを楽しめます。大型種はメキシコと中央アメリカ原産のデリシオサが流通。小型種は写真のアダンソニーが出回っています。

育て方のポイント

自生地では大木の下で育つため、強光では葉が傷みます。明るい日陰か、窓際の場合はレースのカーテン越しが適所。日陰の場合、水をやりすぎると徒長し、次第に根腐れを起こすので水やりの間隔は長めに。空中湿度を好むので、葉水はおすすめです。

根上がりの小鉢はデリケート。芽が動くと同時に気根が出てくると、成長が安定する。他の植物も、新芽が環境に慣れたサイン。

セローム

学名	*Philodendron selloum*		
科名・属名	サトイモ科・フィロデンドロン属		
原産地	南アメリカ		
日当たり	日向	半日向	明るい日陰
水やり	好む	普通	乾燥ぎみ

葉痕の模様、立ち上がった幹のうねり方と気根、自由に広がる葉は大型で切れ込みが入ります。動きのあるダイナミックな葉が印象的で、幹から土に下りていく生命力あふれる気根が魅力です。和名はヒトデカズラで、葉の形状に由来します。

育て方のポイント

サトイモ科の植物は空中湿度を保つのがコツで、水やりの間隔を長めに取ると、根が鍛えられて発根を促し、茎も短めに仕立てることができます。幹が伸びてきたら倒れないように、成長点の向く方向とは反対から日を当てます。数か月ごとに回転させるとよいでしょう。多少の耐寒性、耐陰性はありますが、葉が傷む場合は移動しましょう。

フィロデンドロン

学名		
Philodendron		
科名・属名		
サトイモ科・フィロデンドロン属		
原産地		
中央アメリカ、南アメリカ		
日当たり		
日向	半日向	明るい日陰
水やり		
好む	普通	乾燥ぎみ

ギリシャ語で「木を好む」という意味のフィロデンドロンは、木に絡まって成長する植物。つる性、ほふく性、直立性など多数あり、葉色も豊富です。小鉢でも特徴のある葉は存在感があります。置き場所のコツをつかめば管理は容易で、葉色が美しくなる場所が一番の適所です。

育て方のポイント

室内の明るい場所で管理します。夏の直射日光では、葉焼けを起こすので注意。ただし、日照不足では葉が小さくなって落ち始め、害虫がつくこともあるため、まずは日当たりのよい場所へ。水は土の表面が乾いたらたっぷりと与えますが、水やりの回数が多いと徒長し、弱るので乾燥ぎみに育てます。

❶ 艶のある大きな葉に深い切れ込みが入る‘ナロー’。ベーシックで落ち着いた雰囲気を演出できる。❷ ハート形の葉を持つつる性植物のオキシカルジウム。ヒメカズラとも呼ばれる。多少の耐陰性があり、成長は早いので乾燥ぎみにすれば半日陰でも育てやすい。 ❸ 右は白い斑に赤い線が入る‘バーキン’。‘ロホ・コンゴ’の斑入り種。左は艶のある赤みを帯びた葉が特徴の‘インペリアルレッド’。やわらかい赤い新芽はとても美しい。日照不足では葉が茂らないので、新芽が出る程度の明るい場所に飾る。

右は，パーフェクトグリーン、左は，エンジョイ、。一般的には幼葉部を鑑賞していて、自生地で大きく育つと葉身は70cmにもなるそう。

ポトス

学名	*Epipremnum aureum*		
科名・属名	サトイモ科・エピプレムヌム属		
原産地	ソロモン諸島		
日当たり	日向	半日向	明るい日陰
水やり	好む	普通	乾燥ぎみ

オーソドックスで飽きのこない草姿で、丈夫で育てやすい観葉植物の定番として知られています。旧属名よりポトスと呼ばれ、付着根で大樹の幹や岩上によじ登るつる性植物。栽培品種も多数流通し、耐陰性のある吊り鉢として活躍します。

育て方のポイント

夏の直射日光を避け、冬季は室内の日当たりのよい場所が理想です。耐陰性があり日陰でも育ちますが、あまり暗いと生育も悪くなるので、できるだけ明るい所で育てます。風通しが悪いと害虫が発生します。茎に水分を保つ性質があるので水のやりすぎに注意し、こまめな葉水を。伸びすぎると根元の葉が落ちるので、適度に剪定するとよいでしょう。

艶のある仏炎苞には味わいのある鉄の器を。美しく直立した根元が見える高さに合わせると、なお一層生き生きと見える。

アンスリウム

学名	*Anthurium*		
科名・属名	サトイモ科・アンスリウム属		
原産地	熱帯アメリカ		
日当たり	日向	半日向	明るい日陰
水やり	好む	普通	乾燥ぎみ

個性的なハート形の花が特徴。棒状に伸びた肉穂《にくすい》花序《かじょ》に多数の小さい花が咲き、花びらのように見える部分は仏炎苞《ぶつえんほう》と呼ばれ、苞が大きく変化したもの。仏炎苞の色は白、赤、紫とさまざまです。また、葉の模様が美しい品種もあって鑑賞価値が高く、スタイリッシュなインテリアに合わせるとクール。

育て方のポイント

地生あるいは着生します。着生種は水やりを控えめに育てるのがよいでしょう。強い直射日光に当てると葉焼けを起こして葉が茶色く枯れ、見た目も悪く成長が衰えます。ただし、日照不足になると成長が止まります。冬は直射日光に当てても大丈夫ですが、花を咲かせたい場合は低温にしすぎないように。

シンゴニウム

学名	*Syngonium*		
科名・属名	サトイモ科・シンゴニウム属		
原産地	熱帯アメリカ		
日当たり	日向	半日向	明るい日陰
水やり	好む	普通	乾燥ぎみ

主な自生地はうっそうとしたジャングルの中で、付着根でよじ登りながら成長します。気に入った環境が見つかると、手をかけなくても自然の力だけできれいに育ってくれます。品種によってさまざまな葉の色や柄があり、配色を考えて選ぶのも楽しい。全体にこんもり広がった後、少しずつ垂れ下がります。

育て方のポイント

強い直射日光に当てると葉が焼けてしまいますが、日光が少なすぎると葉が小さくなり、徒長してひょろひょろになります。その場合は早めに日照を確保できる場所に移動しましょう。葉の状態で日光が足りているかの具合がわかるので、よく観察すること。水やりの間隔はやや長めに、土が乾いてから。

'ホワイトバタフライ'の垂れ下がるつるはよじ登る生命力の表れ。日が当たる方向に葉がきれいに向き、台の上で自由な動きを見せる。

スキンダプサス

学名	*Scindapsus*		
科名・属名	サトイモ科・スキンダプサス属		
原産地	マレー半島、インドネシア		
日当たり	日向	半日向	明るい日陰
水やり	好む	普通	乾燥ぎみ

付着根で大樹の幹などによじ登るつる性植物。「つたに似たある種のつるもの」という意味の古代ギリシャ語に由来。葉の表面は緑色で、銀色のさまざまな斑が入る品種が流通し、どれもシックな印象です。サテンポトスやシラフカズラという別名も。

育て方のポイント

夏の直射日光を避け、冬季は室内の日当たりのよい場所に置くのが理想です。ポトスの育て方に準じますが、耐陰性はポトスほどではありません。水やりは間隔を空けて、乾燥ぎみを好みます。やや多肉質の葉は、日照が強すぎたり、葉が乾燥したり、水やりのサインの時に丸まります。水やりのコツをつかめば、初心者でも挑戦しやすい植物です。

ピクタスの小鉢。メタリックネイビーの鉢に合わせて、銀の斑を引き立てる。中鉢も流通があり、長く垂らして吊り鉢も楽しめる。

トックリの形と放射状に出る葉を意識した鉢合わせ。屋内で均一な形を保つには、時々鉢を回して日照の偏りがないように。

トックリラン

学名	*Beaucarnea recurvata*		
科名・属名	クサスギカズラ科・ベアウカルネア属		
原産地	メキシコ東南部		
日当たり	日向	半日向	明るい日陰
水やり	好む	普通	乾燥ぎみ

幹の基部が膨れてトックリのようになることから、トックリラン(和名)と呼ばれます。英名はポニーテール。以前は別属のノリナ属に含まれていたこともあり、ノリナと呼ばれることもあります。手のひらにのるほどの小鉢でもトックリ状に膨らむので、ミニサイズの観葉植物としても楽しめます。

育て方のポイント

日光に十分当たる場所を好みます。日照不足になると葉が傷み、みすぼらしくなります。１年を通して水やりの間隔は空け、冬季は特に乾燥ぎみに育てましょう。耐寒性は多少あるため、排水性のよい土に植え、乾燥ぎみにすると暖地では屋外で越冬することもあります。日照不足になると害虫がつくことも。

新芽は黄緑色で、開くと共に美しいワイン色となる‘ブラックリーフ’。安定感のあるセメントの鉢に合わせて、葉の美しさを見せる。

コルディリネ

学名	*Cordyline*		
科名・属名	クサスギカズラ科・コルディリネ属		
原産地	東南アジア、オセアニア		
日当たり	日向	半日向	明るい日陰
水やり	好む	普通	乾燥ぎみ

ドラセナと混同されることもありますが別の属。コルディリネはギリシャ語で「こん棒」の意味で、多肉質な白い地下茎が発達し、茎頂に十数枚の葉がつきます。ハワイやポリネシアでは悪魔を避ける幸福の木と呼ばれ、緑葉の品種はフラの腰蓑など、生活においてさまざまに使われています。

育て方のポイント

１年を通して明るい場所に置きましょう。直射日光による葉焼けが起きやすいですが、日向で育てていくと慣れていく部分はあります。日照不足では害虫や病気の原因になるので、日当たりのよい場所で管理しましょう。水やりは表面の土が乾いたらたっぷり与え、冬季低温の時は間隔をやや空けるように。

ドラセナ・コンシンネ

学名	*Dracaena marginata*
科名・属名	クサスギカズラ科・ドラセナ属
原産地	モーリシャス
日当たり	日向　半日向　明るい日陰
水やり	好む　普通　乾燥ぎみ

ドラセナ・コンシンネは、ドラセナの中でも以前から親しまれています。赤や黄色、縦縞が入ったカラフルな葉色のものもあり、'トリカラー''レインボー''ホワイホリー''マゼンダ'など品種が豊富。葉は茎の先端のみにつき、古葉は徐々に落ちます。葉痕の縞模様と樹形に特徴がある株が多いです。

育て方のポイント

葉が美しく繊細な分、直射日光に当てたり、水が不足したりすると、葉が焼けて色みが変わってしまいます。日照不足の場合、葉が貧弱になり、害虫が発生することがあります。水やりを控えることで耐陰性が増しますが、本来水を欲しがるので、明るい場所で土の表面が乾いたらたっぷり水やりを。

珍しい角度に曲がった'レインボー'。根元の新芽は直立しているのが本来の形。新芽が元気に出て世代交代することも多い。

ドラセナ・デレメンシス'コンパクタ'

学名	*Dracaena deremensis*
科名・属名	クサスギカズラ科・ドラセナ属
原産地	熱帯アフリカ
日当たり	日向　半日向　明るい日陰
水やり	好む　普通　乾燥ぎみ

光沢のあるストライプ模様の濃い緑の葉、幹の葉痕のボーダーが特徴。上に向かって成長しながらも、やや幹の形に動きが出るのは、葉の重さや日の向きによるものです。その落ち着いた姿は、シンプルで洗練されたインテリアのスパイスになります。

育て方のポイント

直射日光で葉が傷むこともあるので、明るい日陰で葉の艶を確認しながら配置しましょう。成長が遅く、耐陰性、耐寒性があり、乾燥に強く強健。他の観葉植物が難しい過酷な場所でも生育可能な場合もあります。日陰に置く場合は、水やりの間隔を長めに取って発根を促しましょう。長期間新芽が出ない場合は、株が弱るので移動も検討しましょう。

縦に筋の入った鉢は、葉と一体となり、葉痕をより強調する。おとなしい印象ながら、幹が太陽を求めて曲がる姿が健気で愛らしい。

可愛らしい草姿に、シャープなフォルムの鉄の真鍮古美の鉢（よしむら鉄工所）を合わせて。光に映える葉の美しさがさらに際立つ。

シュガーバイン

学名	*Parthenocissus*		
科名・属名	ブドウ科・パルテノキッスス属		
原産地	オランダ		
日当たり	日向	半日向	明るい日陰
水やり	好む	普通	乾燥ぎみ

小さな五枚葉がしなやかに垂れ下がる姿は、ハンギングにして天井から吊り下げるほか、棚に置いて垂らしても。愛らしい姿が魅力的な品種です。葉の裏には甘い樹液がつくことから「sugar」と、つる性の「vine」という言葉を掛け合わせてシュガーバインと名がついたそうです。

育て方のポイント

真夏の直射日光は葉が焼ける場合がありますが、室内の比較的明るい場所を好みます。土の乾きも早い方で、葉数が多い場合やハンギングの場合は、水切れに注意しましょう。日照不足になると弱って落葉し、害虫がつきやすく、復活が難しくなるので、早めに置き場所の調整をしましょう。

ボリュームを生かしてエッグ形の鉢でバランスを取る。葉の緑色と茎の赤茶色の対比。セメントの鉢は植物の美しさを引き立たせる。

エレンダニカ

学名	*Cissus rhombifolia*		
科名・属名	ブドウ科・シッサス属		
原産地	熱帯アメリカ		
日当たり	日向	半日向	明るい日陰
水やり	好む	普通	乾燥ぎみ

熱帯アメリカ原産のグレープアイビーの栽培品種。小葉に切れ込みが入り、光沢があり、葉の裏側はやや茶色みがかっています。耐寒性、耐陰性ともに優れ、乾燥にも強いです。ボリュームが出やすいので吊り鉢仕立てにも。ベーシックな印象でどんなインテリアでも合わせやすく、古材や鉄のアンティークとの相性がよいです。

育て方のポイント

室内の明るい場所で育てます。真夏の直射日光は葉が焼けてしまうので、午前中だけ日の当たる場所や、明るい日陰に置き、水やりは土の表面が乾いたらたっぷりと。日照不足の場合、水のやりすぎは害虫の発生原因となるので注意しましょう。

葉の形状や模様がさまざま。左が‘マツザカシダ’、右が斑入りの‘イノモトソウ’、奥は‘トリカラー’。カラフルな色の鉢で明るくさわやかに。

プテリス

学名	*Pteris*		
科名・属名	イノモトソウ科・プテリス属		
原産地	熱帯～温帯		
日当たり	日向	半日向	明るい日陰
水やり	好む	普通	乾燥ぎみ

世界に300種類ほどあり、熱帯で育つ半耐寒性のものが多いです。日本でも30種ほど知られ、山野でも見かけることがあります。自生種のほかに栽培品種も多数。名の由来は羽状の葉からギリシャ語のpteris（シダ）、またはpteron（翼）という説もあります。シダ類の中でも強健で育てやすいですが、寒さで株が傷むので冬季は室内に置きましょう。

育て方のポイント

夏の直射日光を避けた明るい室内、風通しのよい場所に置きます。土の表面が乾いたらたっぷり水やりすれば、初心者でも挑戦しやすいです。葉先が茶色くなる場合は水やりが足りない目印。空気が乾燥する季節は、霧吹きで葉水をするのも効果的です。

大きい葉の品種、ペルヴィアヌム。石の器は古来から使われるが、自然風景を表現。通気性もよいので、植物にとっても自然に近い。

アジアンタム

学名	*Adiantum*		
科名・属名	ワラビ科・アジアンタム属		
原産地	熱帯～温帯		
日当たり	日向	半日向	明るい日陰
水やり	好む	普通	乾燥ぎみ

黒い軸に細かく薄い葉が羽のように広がるシダの一種。新芽は丸まっていて、黄緑色の軸が開いて葉が出てきます。葉が水をはじいて濡れないことから、ギリシャ語の adiantos（湿っていない）に由来した名前に。南アフリカに最も多く、日本の自生種ではハコネシダやホウライシダがあります。

育て方のポイント

日差しで水切れすると葉がチリチリになるので直射日光には当てず、室内の明るい場所が適所です。乾燥に弱く、水切れしやすいので、冬季以外は土が半乾きになったらやるようにしましょう。特に夏季は朝と夕方の2回必要になることもあり、葉水もこまめに。蒸れないように風通しの確保も効果的です。

葉の繊細な切れ込みに対して、根茎は毛で覆われる。鉢の外に出る根茎の姿は野趣溢れ、繊細さとワイルドさの魅力をあわせ持つ。

ダバリア

学名	*Davallia*		
科名・属名	シノブ科・シノブ属		
原産地	マレーシア		
日当たり	日向	半日向	明るい日陰
水やり	好む	普通	乾燥ぎみ

常緑性の着生植物。ウサギのような毛で覆われた根茎が枝分かれしながら地を這い、岩を覆って育ちます。吊りシノブのように、吊り鉢に使われることもあります。シノブは落葉するのに対してダバリアは常緑で、耐寒性はシノブより多少劣ります。

育て方のポイント

風通しがよい明るい室内で育ちます。屋外でも霜に当てなければ管理可能です。日光にたっぷり当てると引き締まった株になります。夏季は葉焼け防止のためにも半日向に置いて。水やりは土の表面が乾いたらたっぷりと、葉水も与えます。吊り鉢の場合は早めに水やりをしましょう。古い葉は春先に切り戻すと初夏に生え揃います。

アスプレニウム

学名	*Asplenium*
科名・属名	チャセンシダ科・チャセンシダ属
原産地	熱帯〜温帯
日当たり	日向　半日向　明るい日陰
水やり	好む　普通　乾燥ぎみ

地生または樹上、岩上に着生するシダ植物。自生種のオオタニワタリや栽培品種の'アビス'など約700種あります。根茎は這うか塊状で直立し、格子状の鱗片で覆われています。明るい葉色は肉厚で瑞々しく、生命力を感じます。日本では暖かい地域に自生していますが、近年その数は減少しています。

育て方のポイント

高温に強く、寒さに弱いです。日照不足、強光線で茶色く枯れてくるので、レースのカーテン越しの明るい室内で管理しましょう。土の表面が乾いたら水をたっぷりやり、風通しのよい場所へ置くこと。風通しが悪く、葉が乾燥すると害虫が発生します。新芽のナメクジの食害にも注意しましょう。

シマオオタニワタリの栽培品種で葉先が獅子葉の'レズリー'。鉢はモダンな印象ながら安定感のあるエッグ形を選ぶ。

ブレクナム

学名	*Blechnum*
科名・属名	シシガシラ科・ブレクナム属
原産地	熱帯、亜熱帯
日当たり	日向　半日向　明るい日陰
水やり	好む　普通　乾燥ぎみ

熱帯地域などに約40種が分布するシダ植物。通常シダ植物は土の中から新芽を出しますが、ブレクナムは木立ち性のため根茎が立ち上がり、高さ90cmくらいになります。葉は栄養葉《えいようよう》と胞子葉《ほうしよう》の2つに分かれ、放射状に大きく伸ばします。ロマリアという旧属名で呼ばれることも。細かい切れ込みが入った草姿は、さわやかな印象を与えます。

育て方のポイント

風通しのよい明るい場所が適所。水切れすると途端に葉が枯れるので、夏季は特に注意しましょう。耐寒性は多少あり、5度程度で越冬します。シダ植物の中では日差しにも強いので、水切れと風通しに注意すれば管理も難しくありません。

南太平洋諸島原産のギッバムから作出された矮性種の'シルバーレディ'。毛羽立った黒い茎が木立ちし、先端から新芽を出す。

切れ込みの入った葉が放射状に伸びる‘ブルースター’。塗装がいい感じに剥がれてくすんだ色の鉢が、葉色を一層美しく見せてくれる。

フレボディウム

学名	*Polypodium (Phlebodium)*
科名・属名	ウラボシ科・ポリポディウム属
原産地	熱帯アメリカ
日当たり	日向　半日向　明るい日陰
水やり	好む　普通　乾燥ぎみ

マットなブルーがかったグリーンの葉が美しく、乾いた質感が特徴的。熱帯アメリカや南米に自生する、樹木に着生するシダ植物です。葉裏に円形の胞子《ほうし》嚢《のう》がつき、その胞子から和名ではダイオウウラボシ（大王裏星）と呼ばれます。根茎が空気中の水分を集めるので、土に埋めずに露出させておきましょう。

育て方のポイント

湿った場所を好みますが、乾燥にもやや強く、多少の耐陰性があるのでシダ類の中でも育てやすいです。夏季の直射日光に当てると葉が焼けることがあるので、レースのカーテン越しに置きましょう。水不足、日照不足になると葉色が悪くなるので注意し、風通しをよくするときれいな葉色を楽しめます。

クロコダイルファーンと呼ばれる‘ムシフォリウム’。葉の模様を引き立てるシンプルな鉢を荒々しい切り株の花台に飾る。

ミクロソリウム

学名	*Microsorium*
科名・属名	ウラボシ科・ミクロソリウム属
原産地	東南アジア、オセアニア
日当たり	日向　半日向　明るい日陰
水やり	好む　普通　乾燥ぎみ

ミクロソリウム属は、水槽の中で育つ水生性と陸上で育つタイプがあり、写真のクロコダイルファーンは陸上タイプ。岩や木などに着生する着生植物です。葉は長さ50～100cmくらいに伸び、ワニの皮のようなエキゾチックな模様が目を惹きます。

育て方のポイント

1年を通して明るい場所で管理します。夏季の直射日光に当てると葉が傷むのでレースのカーテンなどで遮光します。土の表面が乾いたらたっぷりと水やりします。風通し不足や日照不足が害虫やカビの原因になるので注意しましょう。葉水を与えるのも生育に効果的です。寒さに弱いので冬季は日当たりのよい暖かい場所で管理しましょう。

アオネカズラ

学名	*Polypodium*
科名・属名	ウラボシ科・エゾデンダ属
原産地	日本（本州〜九州）、中国、台湾
日当たり	日向　半日向　明るい日陰
水やり	好む　普通　乾燥ぎみ

低山の樹木の幹や岩に着生し、群生するシダ植物で、根茎がきれいな青緑色になるのが名前の由来。日本原産の種は、葉の両面が毛で覆われているのが特徴ですが、近年自生種が減りつつあります。夏季の乾燥をやり過ごすために落葉し、秋に新芽を出します。写真のタイワンアオネカズラの流通量が多く、根茎が石化した種もあります。

育て方のポイント

夏季の直射日光を避けた明るい場所で管理します。鉢植えの場合は根茎を土の表面に出すようにして植えつけ、多湿にならないように水はけのよい土に植え込みます。耐陰性、耐寒性があり、表面の土が乾いたらたっぷりと水やりすれば育てやすいです。

タイワンアオネカズラは日本産のアオネカズラに比べ、葉が大きくてかたく、毛はない。根の色は薄い白緑色をしていて、太くなる。

ビカクシダ

学名	*Platycerium bifurcatum*
科名・属名	ウラボシ科・ビカクシダ属
原産地	南米、東南アジア、アフリカ、オセアニア
日当たり	日向　半日向　明るい日陰
水やり	好む　普通　乾燥ぎみ

コウモリランとも呼ばれる、木や岩石などに根を張って着生するビカクシダ。自身を覆うように広がる貯《ちょ》水葉《すいよう》、そこからシカの角のような胞子葉《ほうしよう》が大きく広がるように伸びます。吊り鉢や壁掛けなど、さまざまな飾り方を楽しんでみてください。

育て方のポイント

1年を通して明るい場所に置き、夏季は葉焼けするので遮光します。日照不足になると著しく成長が衰え、葉が黄色や茶色になり、新芽が出ません。日照不足で風通しが悪いと、害虫やカビの原因にもなります。耐寒性は比較的あります。春から秋の水やりは多めで、貯水葉の裏側にやります。水を張ったバケツに浸けるか、葉水もよいでしょう。

垂れる胞子葉が美しいので、シンプルなセメント鉢に植えて。大きくなってきたら、成長点が上に向くように板付けにしてもよい。

葉が1枚ずつゆっくりと展開する。塊に似た模様を持つ小鉢と、鉄製の鉢皿に。よく見ると葉の形と鉢の模様も似ている。

リュウビンタイ

学名	*Angiopteris lygodiifolia*
科名・属名	リュウビンタイ科・リュウビンタイ属
原産地	日本南部、台湾
日当たり	日向　半日向　明るい日陰
水やり	好む　普通　乾燥ぎみ

高温多湿の深い森林の中で、斜面に生え、時に岩の上にも自生します。新芽はゼンマイのように渦状に伸びます。古い葉の落ちた痕が黒褐色の塊状になるのが特徴で、この塊から数枚の葉が出る姿が森林を感じさせます。大型で葉の長さは1mほど、根茎の大きさは 30cm を超えるものもあります。

育て方のポイント

夏季の直射日光が当たらない明るい場所を好みます。耐陰性もありますが、新芽が出ないようなら明るい場所に移動しましょう。水は土の表面が乾いたらたっぷり与え、風通しをよくすること。日照不足で風通しが悪いと塊にカビが生えるので、土の表面の乾きを確認してから水やりしましょう。

テーブルヤシともよばれる‘エレガンス’。幹が立ち上がる姿が見えるような鉢に植えると、地際から広がる葉が強調される。

チャメドレア

学名	*Chamaedorea*
科名・属名	ヤシ科・チャメドレア属
原産地	メキシコ、中央・南アメリカ
日当たり	日向　半日向　明るい日陰
水やり	好む　普通　乾燥ぎみ

小型のヤシ。学名のチャメドレアは「矮性の贈り物」を意味し、手を伸ばすと届く位置に実ができることに由来します。写真の‘エレガンス’は単幹性の株立ちで、茎は細くて緑色。細く尖った新芽が伸び、次第に開きます。小さく育てると 20 ～ 50cm でまとまり、気軽に楽しめます。ヒメテーブルヤシと呼ばれる‘テネラ’は株立ちせず、葉は灰緑色。

育て方のポイント

1年を通して明るい場所で管理します。夏の直射日光に当てると葉が傷むので遮光します。まんべんなく日が当たるように、太陽の方向に回すとよいでしょう。風通しが悪く、葉が乾燥すると害虫が発生するので注意して。株が育つと花をつけます。

カラテア

学名	*Calathea*
科名・属名	クズウコン科・カラテア属
原産地	熱帯アメリカ、熱帯アフリカ
日当たり	日向　半日向　明るい日陰
水やり	好む　普通　乾燥ぎみ

美しい葉を鑑賞する種が多数あるカラテア。夜間に睡眠運動（休眠運動）といわれる、葉を閉じる動きをします。それは、夜に葉を閉じることで蒸散を防ぎ、朝に開いて光合成をしやすくするため。愛嬌のある睡眠運動は、共に生活するとなおも愛おしい。

育て方のポイント

1年を通して明るい場所で管理します。直射日光で葉が傷むことがあるので、夏季はレースのカーテン越しがおすすめです。高温多湿な気候に自生し、非常に寒さに弱いので、冬季は温度を保てる環境に置きましょう。葉の調子が悪いと睡眠運動をしないので、置き場所の見直しをします。また、葉が丸まる時はしっかり葉水をするとよいでしょう。

オルビフォリアは葉が可愛らしい丸い形をしていて、葉脈に沿って緑の縞模様がある。明るさと温度を保って育てるとよい。

マランタ

学名	*Maranta*
科名・属名	クズウコン科・マランタ属
原産地	熱帯アメリカ
日当たり	日向　半日向　明るい日陰
水やり	好む　普通　乾燥ぎみ

当時活躍した植物学者マランティの名からつけられたそう。葉は薄く美しい模様が入り、花茎を伸ばして花をつけます。カラテア同様、睡眠運動をする性質を持っています。流通しているものはレウコネウラの変種が多いです。葉の美しさを生かし、インテリアのポイントにしてはいかがでしょう。

育て方のポイント

1年を通して明るい場所で管理します。直射日光で葉が傷むことがあるので、夏季はレースのカーテン越しがおすすめです。高温多湿な気候に自生しているため、非常に寒さに弱いので、冬季は温度を保てる環境に置くこと。水やりは土の表面が乾いたらたっぷりと、季節ごとに乾き具合を観察しましょう。

レウコネウラの一種である〝アマグリス〟。葉脈に沿って縞模様が入り、裏面はワイン色。横に茎を伸ばして育つ葉の向きが面白い。

小型の品種の'リオ・オブ・リオ'。子株をたくさん出す。グリーンとボルドーの葉色にシャープなグレーの鉢を合わせるとモダンに。

ネオレゲリア

学名	*Neoregelia*
科名・属名	パイナップル科・ネオレゲリア属
原産地	ブラジル
日当たり	日向　半日向　明るい日陰
水やり	好む　普通　乾燥ぎみ

木の幹や岩上に着生する種で、葉はややかたく横に開きます。花期には中心部の葉が赤や紫に色づき、花茎はほとんど伸びず、筒の中で剣山状の花が長期間咲きます。枝をほふくさせて子株を横に出し、暴れるように育ちます。鉢植えだけでなく流木につけたり、ハンギングにしたりと多様な楽しみ方ができます。

育て方のポイント

水やりの方法が特徴的。土にやる以外に、筒状の葉の中にも水をやります。ただし、冬季は株が冷えるので溜めないようにします。年間を通して明るい場所に置き、特に冬は日当たりのよい屋内で管理します。花が咲くと親株は枯れるので、子株を切り離して植え替えを。鉢植えの用土は水苔を使用します。

学名はブラキキトン・ルペストリス。他に葉がカエデのような広葉の品種もある。幹が引き立つ自然素材のカバーに合わせる。

ボトルツリー

学名	*Brachychiton rupestris*
科名・属名	アオイ科・ブラキキトン属
原産地	オーストラリア
日当たり	日向　半日向　明るい日陰
水やり	好む　普通　乾燥ぎみ

木質化した太い幹を持つ塊根植物のボトルツリー。自生地では20mほど伸びてワインボトルのような幹になることから、その呼び名があります。根元の形のワイルドさに対して、葉はナチュラルな形。そのバランスが個性的で面白いので、インテリアグリーンの中でもポイントになります。

育て方のポイント

日当たりと風通しのよい場所を好みます。日照不足では株が弱り、害虫も発生しやすいので注意。根元が肥大して水や養分を溜めるので、水やりは間隔を空けます。特に冬季は2週間ほど空けて。耐寒性があり、葉が落ちて調子が悪い時は、厳寒期を除き日当たりのよい屋外で養生すると早く回復します。

❶ 左上はキセログラフィカ、右上はアンドレアナ、中央がレオナミアーナ、左下はベルゲリ、右下はブラキカウルス、トレイの外は‘コットンキャンディ’。❷ ひも状に伸びるウスネオイデスはスパニッシュモスとも呼ばれる。細い茎に細い葉が2枚つき、小さな花が咲く。水やりは多め、チランジアの中では耐寒性がある。

チランジア

学名	*Tillandsia*		
科名・属名	パイナップル科・チランジア属		
原産地	北アメリカ～南アメリカ		
日当たり	日向	半日向	明るい日陰
水やり	好む	普通	乾燥ぎみ

樹木や岩石に着生したり、木にぶら下がったりして生育します。10cm 程度から2m 以上になるものもあります。土から根で養分を吸うことなく、葉の表面から空気中の養分を吸収し、根は身を木や岩に張りつけるために伸びていきます。花期には葉の中央部が色づき、紫や赤の鮮やかな花を咲かせます。

育て方のポイント

チランジアが生息する環境では夜に霧がかかるので、水やりは夕方から夜にかけて、1か月に3回程度、全体を水中に浸けるようにします。水やりの後は、葉の中央部に水が溜まらないようによく水を切ります。低温と日照不足に注意し、明るく風通しのよい場所で管理しましょう。

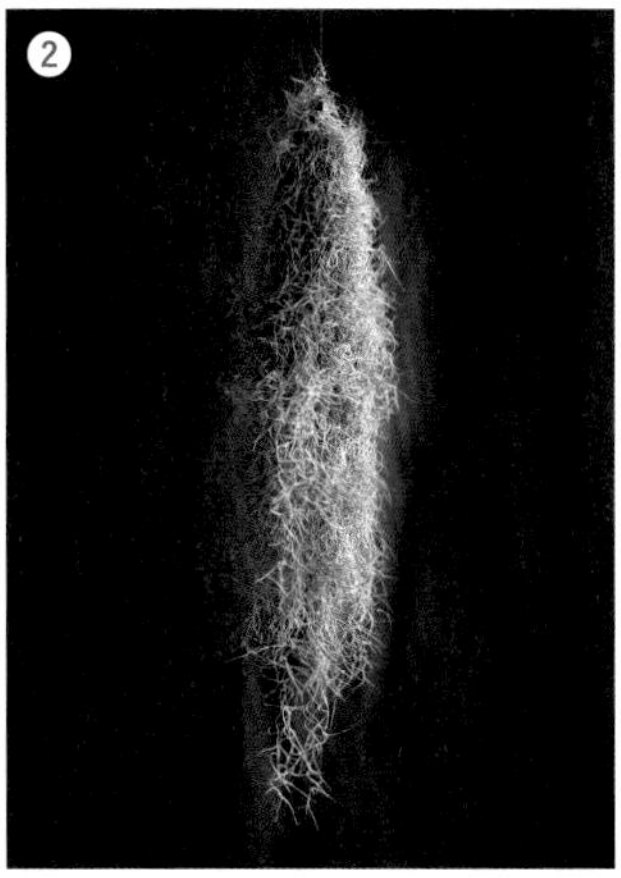

❶ 小さな肉厚の葉をたくさんつけ、つるを伸ばして成長するインブリカータ。貯水囊を形成する。切り株のような三つ足のセメントの鉢に合わせる。 ❷ 丸く反りかえる葉が垂れ下がりながら成長するミルネイ。貯水囊は持たない。 ❸ 縞模様の入った肉厚の葉を持つオバタ。葉の重みで垂れ下がり成長する。新芽を中心に、日が当たると赤みを帯びる。

ディスキディア

学名	*Dischidia*		
科名・属名	キョウチクトウ科・ディスキディア属		
原産地	東南アジア、オーストラリア		
日当たり	日向	半日向	明るい日陰
水やり	好む	普通	乾燥ぎみ

茎の節から気根や根を出し、岩や樹木に張り付いて成長する、つる性の着生植物です。カンガルーポケットなど、肥大した葉の中に根のある貯水《ちょすい》囊《のう》を持つ種もあり、水分と養分を蓄えて成長します。ふっくらとした小さな葉、小さな花を咲かせる姿は可愛らしい。

育て方のポイント

年間を通して直射日光の当たらない明るい場所で管理しましょう。日照不足になると葉が黄色くなり、次々と落ちてしまいます。様子を見て調子のよい場所を探すのがポイントです。根は乾かしぎみにし、空中湿度を好むので、霧吹きでこまめに葉水をするとよいでしょう。冬季の寒さには注意します。

ホヤ

学名	*Hoya*		
科名・属名	キョウチクトウ科・ホヤ属		
原産地	日本（九州、沖縄）、熱帯アジア、オーストラリア、太平洋諸島		
日当たり	日向	半日向	明るい日陰
水やり	好む	普通	乾燥ぎみ

多くは樹木の幹や岩の上を這って育つ、つる性植物または低木。品種によってさまざまな葉形や葉色があります。サクラランという和名は、桜色の花がつくことからつけられ、蝋細工のような質感で、多くは芳香があります。葉形、葉色、花色は多様に流通しています。

育て方のポイント

日当たりがよければ育てやすく、株が大きくなると花つきもよくなります。多肉質の葉は水分を蓄えるので、水はやりすぎないようにし、日照不足に注意すれば育てやすいです。一度花の咲いた位置で毎年花を咲かせるので、花の咲いたつるは切らないように。まだ花の咲いていないつるも、長く伸びると花を咲かせます。

❶ 細長く尖った葉に細かな斑が入るプビカリクス‘シルバーピンク’。原産地はフィリピン。日照環境がよいとしっかりしたつるが太陽に向かって伸びる。 ❷ 豆のさやのような葉を持つチャイナビーン。葉の縁に赤いラインが入り、寒さで紅葉する。 ❸ ホヤの中ではポピュラーなケリーは、葉の形からハートホヤと呼ばれている。ハートの葉を1枚葉挿ししたものも流通する。 ❹ 複数の小さな花が放射状に咲く。甘い香りと独特な質感、可憐な姿に魅せられるファンも多い。写真はチャイナビーンの花。

矮性種のスクアロサ'シルバークラウド'。葉脈を中心に乳白色のラインが入り、2枚揃って出る新芽が美しい。花は咲きにくい種。

アフェランドラ

学名	*Aphelandra*		
科名・属名	キツネノマゴ科・アフェランドラ属		
原産地	熱帯アメリカ		
日当たり	日向	半日向	明るい日陰
水やり	好む	普通	乾燥ぎみ

湿り気のある森林内に自生する植物。葉の模様からゼブラプラントという別名があり、ブラジル原産のスクアロサの栽培品種'ダニア'などが、観葉植物として流通しています。スクアロサの花は茎頂に黄色い穂《すい》状《じょう》花《か》序《じょ》をつけます。花が枯れた後も花穂は残り、2か月ほど楽しめます。

育て方のポイント

1年を通して明るい場所で管理します。夏季の直射日光は葉が傷むので遮光し、寒さに弱いので冬季は暖かい場所に置きましょう。日照不足になると斑が目立たなくなり間延びします。日照不足や風通し不足で害虫が発生するので注意しましょう。花が咲き終わったら、茎は半分くらいに剪定します。

葉の重さを支えるように茶碗形の鉢に合わせて。購入時は茎がほとんどなくても、葉の展開が早い方で、太陽に向かって幹立ちする。

ピレア・ペペロミオイデス

学名	*Pilea peperomioides*		
科名・属名	イラクサ科・ピレア属		
原産地	中国		
日当たり	日向	半日向	明るい日陰
水やり	好む	普通	乾燥ぎみ

徐々に幹立ちしていく細い茎に、多肉質の丸い葉をぶら下げるチャーミングなグリーン。「ペペロミアのような」という意味から由来しています。別名はマネープラント。生育期に調子がよいと地表に双葉の子株を次々出します。みるみる育つ複数の子株を育てていくと、個性的な樹形を楽しめます。

育て方のポイント

1年を通して明るい場所で管理します。夏季の直射日光は葉が傷むので遮光します。多肉質なので水やりの間隔は少し長めに。水やりは土の表面がしっかり乾いたら与えるようにします。日照不足で風通しが悪いと害虫が発生します。耐寒性は多少ありますが、葉の色が悪くなるようなら暖かい場所に移動します。

ペペロミア

学名	*Peperomia*
科名・属名	コショウ科・ペペロミア属
原産地	熱帯～亜熱帯
日当たり	日向　半日向　明るい日陰
水やり	好む　普通　乾燥ぎみ

熱帯から亜熱帯地方に約1000 種が広く分布し、立ち性やつる性、時に樹木に着生します。葉の色や形もさまざまで豊富な品種が流通し、花は細長く穂状に立ち上がります。ユニークな模様や形の葉を持つ品種が多いので、インテリアのアクセントに。

育て方のポイント

直射日光を避けた明るい場所を好みます。極端な日陰に置いておくと茎が徒長して弱々しくなり、艶のない葉になるので注意が必要。夏季の強い日差しに当てると葉が焼けて変色しますが、明るい方が葉数が増えて元気になります。また、夏の蒸し暑さに弱いので閉めきった場所は避け、風通しのよい場所に置きましょう。冬の寒い時期は暖かい室内で管理します。

❶ 可愛らしいハートの葉を持つ‘ラナ’。マットな緑の葉と赤い葉軸を引き立てるように、テラコッタの鉢に合わせて。 ❷ 垂れ下がるアングラータは吊り鉢としても楽しめる。葉にしわが寄るまで水やりの間隔を空けられるので、吊り鉢でも安心して飾りやすい。 ❸ 繊細な佇まいの‘美依子’は、日照環境を確保できるとよく育つ。置き場所が合わないとみるみる葉が減っていき、わかりやすく元気がなくなるので明るい場所に早めに移動する。

上は〝滝の白糸〟。葉の縁にカールした白い糸が規則的に入る。下は黄色い斑が入る〝ホリダ〟。鋭いトゲを持ち、寒さでピンク色が入る。どちらも多少耐寒性がある。

アガベ

学名	*Agave*
科名・属名	クサスギカズラ科・アガベ属
原産地	メキシコ、アメリカ南西部
日当たり	日向　半日向　明るい日陰
水やり	好む　普通　乾燥ぎみ

葉形や模様が個性的で、モードな印象のアガベ。葉先にトゲを持つ多肉質の葉はロゼット状に広がり、数年から数十年を要して中央から花茎が立ち上がり、花を咲かせます。一度花を咲かせたら、子株と種子を残して長い花茎は枯れ、落ちた種子が発芽して繁殖していきます。

育て方のポイント

1年を通して室内の一番日当たりのよい場所で管理します。夏の日照不足では葉が弱ります。夏の直射日光に当ててもよいですが、日陰から急に移動すると葉が傷むので注意します。水やりは春から夏は土の表面が乾いたらたっぷり、冬季は月1～2回程度。寒さに弱い品種は、5度以下では断水しましょう。

種から出た芽が育ち、じきに種から外れ、少しずつ幹が膨らんだスピヌロスム。ザミアの中でも特に新芽の繊細な美しさをもつ。

ディオーン

学名	*Dioon*
科名・属名	ザミア科・ディオーン属
原産地	メキシコ
日当たり	日向　半日向　明るい日陰
水やり	好む　普通　乾燥ぎみ

新芽の繊細な美しさを持つザミアの仲間で、耐寒性があり、強健で育てやすいです。成長が遅く、1年に数枚の葉を出す程度。縁にトゲのある葉は、成長すると長さ1mほどにもなりますが、数十年を要します。葉がシャープで枚数が少ない株姿は、スタイリッシュなインテリアにとても映えます。

育て方のポイント

耐陰性もありますが、丈夫に育てるためには1年を通して日光の当たる場所で管理します。耐寒性が強いので、冬季も安心して育てることができます。排水性のよい土で植え、水は表面の土が乾いたらたっぷりと与えます。蒸れないように、風通しのよい場所で育てましょう。

サンセベリア

学名	*Sansevieria*
科名・属名	クサスギカズラ科・サンセベリア属
原産地	アフリカ、南アジアの熱帯～亜熱帯
日当たり	日向　半日向　明るい日陰
水やり	好む　普通　乾燥ぎみ

自生地では木の陰に生息する植物です。細い葉や平らな葉など、葉の形に特徴のある種が多いので、葉の特徴を生かして飾るとよいでしょう。地下には太くて短い根茎があり、多肉質の葉が数枚つきます。花は花茎に穂状につき芳香があります。

育て方のポイント

1年を通して明るい場所で管理します。直射日光は葉焼けしやすいので避けましょう。耐陰性は多少ありますが、新芽が出る程度の場所がよいです。水分を葉に溜めることができる性質を持っているので、乾燥ぎみにします。春から秋は週に1回、土の表面がよく乾いたらたっぷりと与えますが、低温期に休眠するので、外気温が8度以下になったら断水します。

❶ 縞模様の入ったペンシルのような葉を左右に広げる‘ボンセレンシス’。鉢は安定感のあるスクエア形を合わせて。 ❷ グラシリスは中心からロゼット状に細く端正な葉を広げ、中心にいくほど葉が長くなる。 ❸ アフリカ東部、ソマリア原産のグランディス。濃い緑に斑点の模様が入る太く平たい葉が特徴で、サンセベリアの中でも葉の幅が広い品種。

リプサリス

学名		
Rhipsalis		
科名・属名		
サボテン科・リプサリス属		
原産地		
熱帯アフリカ、熱帯アメリカ		
日当たり		
日向	半日向	明るい日陰
水やり		
好む	普通	乾燥ぎみ

葦サボテンの仲間で、サボテンのようなトゲはなく、品種が豊富で「広葉」と「細葉」があります。森林性サボテンともよばれ、樹上に着生し森林の木陰に生息するため、夏季の直射日光は遮光します。小さい花を咲かせ、ピンクやオレンジの半透明な実をつける種類があり、実をつけた時、紅葉した時の株は一変して華やかです。

育て方のポイント

直射日光を避けた明るい室内、レースのカーテン越しの窓辺などで管理します。多少の日照不足でも耐えますが、日当たりや風通しが悪いと、葉の節にカイガラムシが発生します。葉水で予防し、明るい場所に移動します。水やりは乾いたらたっぷりとやりましょう。

❶ 針のような葉を金物の鉢に合わせて。葉が自由に遊ぶような個性的な伸び方を楽しむ。❷ ラウヒオルムは自然によく分岐し、茎節の分岐部からよく発根する。蕾は葉の左右の縁につき、花は白〜黄色。❸ エリプティカは太陽が当たる場所で育てると葉が赤くなる。また、寒さに当たっても紅葉する。

サボテン

❶ 一番左のピンク色の鉢から時計回りにギムノカリキウム、マミラリア‘玉翁’、鬼面《きめん》角《かく》、レプチア‘ムスクラ’、マミラリア‘高砂’。 ❷ 右はフィッシュボーンカクタスと呼ばれるエピフィルム・アングリガー。長く伸びた魚の骨のようなものは茎。左はヒモサボテン属の果樹、ドラゴンフルーツ。

学名	*Cactaceae*		
科名	サボテン科		
原産地	北アメリカ、中央アメリカ、南アメリカ		
日当たり	日向	半日向	明るい日陰
水やり	好む	普通	乾燥ぎみ

サボテン科の多肉植物の総称を指し、一般的にサボテンと呼んでいます。通常の葉は退化し、その多くは葉が変化したというトゲを持ち、可憐な花を咲かせることも多いです。日本では観賞用が主ですが、原産地では食用や薬用、建材としても利用されています。サボテンの茎は生育環境が悪いと木質化し、腐ると師部《しぶ》が網状に残ります。

育て方のポイント

乾燥する地域で生きるために水分や養分を溜める性質を持っているので、春から秋は土がしっかり乾いたら水やりをします。耐寒性のある種もありますが、サボテンの多くが夏に成長し、冬に休眠する夏型のため、冬季の低温時は断水します。1年を通して明るい場所で管理し、真夏の強光は遮光します。

ユーフォルビア

❶ 上段左からオベサ‘梵天’、アエルギノーサ、レネウトニー。下段左からミルクブッシュ・ファイヤースティック、フルティコサヌーダ、‘ソテツキリン’、‘紅彩雲閣’。 ❷ マダガスカル原産のステノクラーダ。角のようなトゲを持ち、薄緑色から木質化していく。自生地では5m ほどにも成長する。

学名	*Euphorbia*		
科名・属名	トウダイグサ科・ユーフォルビア属		
原産地	南アフリカ、熱帯～温帯		
日当たり	日向	半日向	明るい日陰
水やり	好む	普通	乾燥ぎみ

一年草、多年草、多肉植物、低木とバラエティに富み、多肉植物はインドアグリーンとして親しまれています。茎や葉の切り口から白い液が出るのが特徴。極度に暑く乾燥した環境で生き延びるため、また草食動物に食べられないように、毒性のある樹液を持ち、トゲのある姿になったといわれています。

育て方のポイント

日当たりのよい場所に置き、乾燥ぎみに育てます。寒さに弱く、葉のある品種は寒さで葉を落とし、休眠します。冬季は室内に取り込みましょう。植物の突然変異によって、成長点が変異して帯状やリボン状の塊ができる現象の「綴化《てっか》」、「石化《せっか》」が見られることがあります。

ハオルチア

学名	*Haworthia*
科名・属名	ユリ科・ハオルチア属
原産地	南アフリカ、ナミビア南部
日当たり	日向　半日向　明るい日陰
水やり	好む　普通　乾燥ぎみ

岩の上や寒暖差のある砂漠で育つ小型の多肉植物。半透明の葉が光を取り込み、宝石のような窓と呼ばれるレンズを持つ「軟葉系」と、アロエのようなかたく尖った葉を持つ「硬葉系」があり、品種が豊富です。子株が育ちやすく、根が太いので、鉢が窮屈になったら株分けして楽しみます。

❶ 株の中央から長く立ち上がった、ユリ科らしい可憐な蕾。花はうつむき加減に開く。品種は‘五重の塔’。❷ 後列4種は左から‘オブツーサ’‘十二の巻’‘竜鱗’‘玉扇’。中列3種は‘玉扇’‘テネラ’‘五重の塔’。手前は‘玉緑’。

育て方のポイント

夏季の直射日光を避けた明るい場所で管理します。寒さに弱いので春から秋にかけては屋外でもかまいませんが、霜が降りる前に取り込むようにしましょう。長時間、しっかりとやわらかな光に当てていれば花を咲かせます。水は週に1回程度、鉢底から出るくらいにたっぷりと与えます。乾くと葉がしぼみ、水をやるとふくらむのでわかりやすい。夏季の高温期や冬季の低温期は控えめに、葉が細くなってきた時にやりましょう。

水やり別

水を好む

生育期は特に水をよく吸います。あわせて葉水もするとよいでしょう。土の表面が乾いてから与えますが、乾きすぎると水切れすることがあります。

乾いたらたっぷり

土の表面が乾いたらたっぷりやるのが、通常の水やりの目安です。成長が衰える冬季は乾きにくくなるので、水やりの間隔を調整します。

乾燥ぎみを好む

空中湿度を好む植物や、葉や茎に多少の水を溜める植物。水のやりすぎによる根腐れに注意します。

特に乾燥ぎみを好む

乾燥地帯で育つ植物で、葉や根、茎に水を溜める性質があります。

索引

Chapter 4で紹介している植物について、
日当たりと水やりの傾向で分類しました。
育てる際の参考にしてください。

日当たり別

日光を好む

秋から春までは日光によく当てた方がよいですが、夏の直射日光は強すぎるので様子を見て遮光しましょう。

やわらかい光を好む

直射日光に当てると葉が焼けてしまうので、レースのカーテン越しの明るい場所（半日向）に置くのがよいでしょう。

明るい日陰を好む

窓際から少し離れた、暗すぎない日陰に置くとよいでしょう。ただし、極端な日陰に置くと成長が衰えるので、様子を見ながら日に当てます。

撮影　ローラン麻奈
デザイン　根本真路
校正　ケイズオフィス
DTP 制作　天龍社
編集　広谷綾子

撮影協力　**DIXANS SHIROKANE**
東京都港区白金 3-17-18
@dixans.shirokane

GREENLife JOURNAL
東京都台東区浅草 5-26-8
@greenlife_journal

山川工房（及川 努）
@yamakawa.engei_tanzawa

植物ツナグ＆森のカケラ
@shokubutsu_nag

よしむら鉄工所（吉村 創）
@yoshimurair onwork

参考文献　『山溪カラー名鑑 観葉植物』（山と溪谷社）
『観葉植物 1000―種類の特徴から
上手な栽培・管理の仕方まで』（八坂書房）
『熱帯植物図鑑』（誠文堂新光社）
『緑と空間を楽しむインドアガーデン』（成美堂出版）

安元祥恵

建築を学んだ後、ガーデン併設のインテリアショップ勤務を経て、植物の世界へ。山野草苔玉ショップの立ち上げに参加し、盆栽の世界に魅了される。2002 年より宮崎秀人氏に師事し、フラワーデザインを学ぶ。2012 年より「TRANSHIP」、2017 年より「PORTER SERVICES」のグリーンプランナーとして、2 級建築士の資格をもとに、暮らしの中の植栽、庭づくりのプランニング、花と植栽と暮らす教室の定期レッスンを行う。 2021 年からベーカリーカフェ「FARINA」店内の「GRAINES（グレンヌ） tokyo」にて植栽を展示販売。2024 年、神奈川県秦野市にて自然と語らう教室「graines tanzawa」を開講。

インテリアグリーン

植物と暮らす心地よい空間づくり

2024 年 3 月 20 日　第 1 刷発行

著　者　安元祥恵
発行者　木下春雄
発行所　一般社団法人 家の光協会
〒 162-8448　東京都新宿区市谷船河原町 11
電話　03-3266-9029（販売）
03-3266-9028（編集）
振替　00150-1-4724
印刷・製本　図書印刷株式会社

ISBN978-4-259-56792-7 C0061

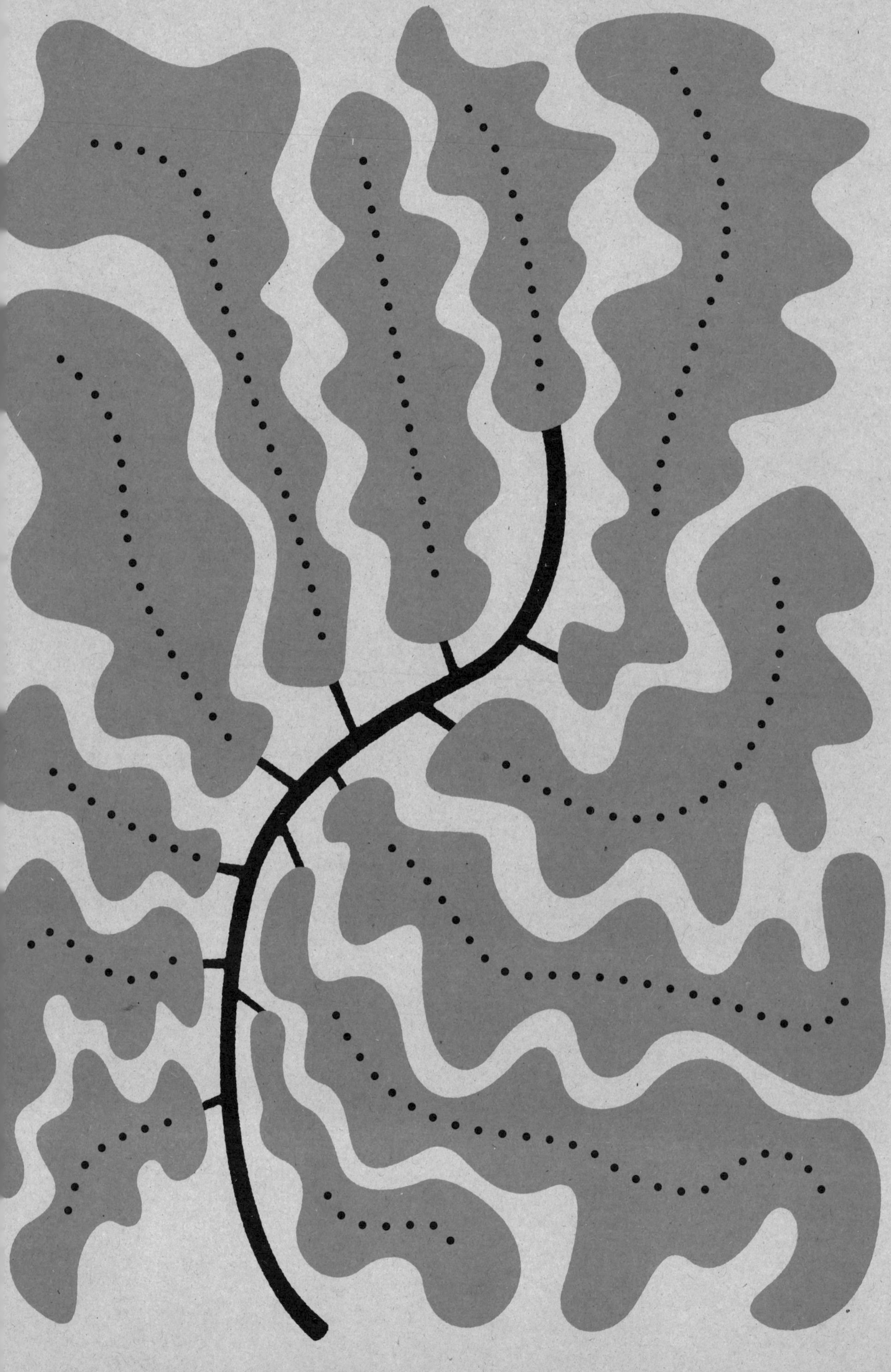

好評発売中

安元祥恵さんの本

『選び方・飾り方・育て方がよくわかる
暮らしの中のインドアグリーン』

定価：本体 1,600 円＋税

本書へのご意見・ご感想を募集

今後の本の企画に反映するために、お読みになった本へのご意見・ご感想を募集します。右の二次元コードを読み込んで、家の光協会までお寄せください。抽選で図書カードをプレゼントします。

ISBN978-4-259-56792-7

C0061 ¥1800E

定価：本体1,800円＋税

家の光協会